珍藏本
纪念版

汉译世界学术名著丛书

论学者的使命
人的使命

〔德〕费希特 著

梁志学 沈真 译

商务印书馆
SINCE 1897
The Commercial Press

2017年·北京

Johann Gottlieb Fichte

EINIGE VORLESUNGEN

ÜBER DIE BESTIMMUNG DES GELEHRTEN

DIE BESTIMMUNG DES MENSCHEN

据 F. Medicus 编《费希特著作集》第Ⅰ卷和第Ⅲ卷（莱比锡 1911 年）翻译，并参照过 B. Вандек 俄译本（"О назначении учённого"，莫斯科 1935 年）、Т. В. Поссе 与 В. М. Брадис 俄译本（"Назначение человека"，彼得堡 1913 年）以及 W. Smith 英译本（*The Vocation of Man*，芝加哥 1916 年）。

以上两书的中译本，分别于 1980 年和 1982 年印行。现合并收入本丛书。译者为这个合编本另撰了序言。

汉译世界学术名著丛书
(120年纪念版·珍藏本)
出 版 说 明

2017年2月11日，商务印书馆迎来120岁的生日。120年前，商务印书馆前贤怀揣文化救国的理想，抱持“昌明教育，开启民智”的使命，立足本土，放眼寰宇，以出版为津梁，沟通中西，为中国、为世界提供最富智慧的思想文化成果。无论世事白云苍狗，潮流左右激荡，甚至战火硝烟弥漫，始终践行学术报国之志，无改初心。

迻译世界各国学术名著，即其一端。早在20世纪初年便出版《原富》《天演论》等影响至今的代表性著作，1950年代后更致力于外国哲学和社会科学经典的译介，及至1980年代，辑为“汉译世界学术名著丛书”，汇涓为流，蔚为大观。丛书自1981年开始出版，历时三十余年，迄今已推出七百种，是我国现代出版史上规模最大、最为重要的学术翻译工程。

丛书所选之书，立场观点不囿于一派，学科领域不限于一门，皆为文明开启以来，各时代、各国家、各民族的思想与文化精粹，代表着人类已经到达过的精神境界。丛书系统译介世界学术经典，引领时代思想，为本土原创学术的发展提供丰富的文化滋养，为推动中国现代学术和现代化进程做出了突出的贡献。

为纪念商务印书馆成立120周年，我们整体推出“汉译世界学术名著丛书”120年纪念版的珍藏本，寄望既利于文化积累，又便于研读查考，同时向长期支持丛书出版的译者、编者和读者致以敬意。

两甲子后的今天，商务印书馆又站在了一个新的历史时间节点上。我们不仅要铭记先辈的身影和足迹，更须让我们的步伐充满新的时代精神。这是商务人代代相传的事业，更是与国家和民族的命运始终紧密相连的事业。我们责无旁贷，必须做好我们这代人的传承与创造，让我们的努力和成果不仅凝聚成民族文化的记忆，还能成为后来人可以接续的事业。唯此，才能不负前贤，无愧来者。

商务印书馆编辑部

2017年10月

费希特哲学思想简评

在德国古典唯心论发展史中，费希特是一位民主主义者和重要哲学家。在政治方面，他批判过封建专制主义，向往法国资产阶级革命。在哲学方面，他把康德的二元论改变为主观唯心论，把康德曾经视为谬误逻辑的辩证法发展为合理的认识方法，从而为后来黑格尔建立哲学体系创造了条件。恩格斯写道，“德国哲学从康德到黑格尔的发展是连贯的，合乎逻辑的，必然的。”(《马克思恩格斯全集》第1卷，第589页)当我们用历史的观点考察费希特的思想时，我们就会看到他在这种发展过程中占有上继康德传统和下开黑格尔先河的重要地位。

* * *

从封建主义向资本主义的过渡，是费希特生活时代的根本社会问题。当时法国资产阶级革命消灭了法国封建制度，它的巨大影响促进了欧洲各国资产阶级在政治上的发展，群众愈来愈坚决地奋起反抗腐朽的封建制度。但德国还处于封建割据的局面，资本主义工商业很不发达，资产阶级还没有成为足以推翻封建统治的强大政治力量。在这种情况下，费希特作为法国革命的见证人和德国状况的产儿，虽然也像康德一样，是用表现德国资产阶级软弱性的思辨哲学来回答他那个时代的根本社会问题的，但他的思想却超过了康德。如果说康德的学说是在法国革命尚未爆发的时期形成的，那么费希特的学说则是在法国革命激烈进行的时期形成的；如果说康德的思想代表了德国资产阶级温和派的利益，那么费希特的思想则代表了德国资产阶级激进派的利益；如果说康德要求的是意志自由，那么费希特则在法国革命的鼓舞下要求把自由意志变成一种战斗力量。车尔尼雪夫斯基在谈到这种差异时指出："康德所属的政党想用革命的方法在德国树立自由，但又鄙弃恐怖手段。费希特稍微前进了一些，因为他连恐怖手段也不害怕了。"(《哲学中的人本主义原理》，商务印书馆 1958 年版，第 3 页)

在德国古典哲学运动内部，费希特拥护法国革命的态度最坚决、最持久。他对法国革命的欢呼不是出于一时热情的冲动，而是基于逐步深入的认识。虽然在 1791 年他还认为法国革命几乎不会给人民群众带来什么好处，而把希望寄托在从上而下的改革上，但是，当法国革命发展到雅各宾革命民主专政的时候，他却与那些由热情欢呼革命转变为疯狂反对革命的德国庸人们相反，勇敢地肯定了法国革命是"关于人权和人类价值这些伟大字眼的瑰丽图画"，"对全人类都是重要的"(I. H. 费希特编:《费希特全集》第 6 卷，第 39 页)。当封建反动派因为他抱有民主主义信念和同情法国革命，要给他加上所谓宣传无神论的罪名，解除他在耶拿的教授职务时，他曾经无所畏惧，斩钉截铁地声明："对于他们，我是一个民主派，是一个雅各宾党人；事实就是这样。""对于他们，我就是这种人物，就是这种该惩罚的民主派和雅各宾党人。因此不用说，我也憎恨他们，这也是尽人皆知的事实。"(《全集》第 5 卷，第 286 页)他把革命诞生的法兰西共和国称为"正直的人们的祖国”，肯定了法国革命对德国的有益影响，指出“世界上最确实不过的情况是：如果法国人没有取得巨大优势，并在德国——至少在它相当大的一部分土地上——实行某种改革，那么，一切深知要在自己生活中作自由思考的人就会若干年内在德国再也找不到自己栖息的地方”。（H.舒尔茨编：《费希特书信集》第2卷，第100、104页）他坚贞不渝地恪守法国革命的理想，即使是在拿破仑把保卫革命的战争转变为侵略别国的战争的时候，他也依然忠于法国革命。一位在柏林听过他的最后演讲的人说，“费希特演讲的根本思想，是要证明拿破仑通过压制法国革命所获得的自由思想，向全世界骗取这项高尚产业……拿破仑背叛了革命事业，他说这是拿破仑最严重的罪过。”（H.舒尔茨编：《在同时代人亲密通信中的费希特》，第249页）

费希特对封建专制主义进行了尖锐的批判。针对贵族地主那种买卖和赠送农奴，涂炭生灵的丑恶现实，他愤怒地喊道，“人生来就既不能被出卖，也不能被赠送；人绝不可能是任何别人的所有，因为他是他自己的所有，并且永远应该是他自己的所有。”（《全集》第6卷，第11页）在他看来，劳动是人类生存的首要条件，每个人都必须靠他的劳动生活；他憎恨那些剥削劳动人民的封建主和僧侣们，毫不含糊地提出，“地球上绝没有任何人享有不用自己的力量而依靠他人的力量来生活的权利”，“不劳动者不得食”（《全集》第6卷，第188页）。他热烈地拥护个性解放，主张消灭违反人性的封建所有制。在谈到消灭封建教会财产时他甚至公开地说，“我们必须承认，不仅合法的继承人，而且所有的人都毫无例外地有权把纯属教会的财产据为己有。”（《全集》第6卷，第278页)在费希特看来,现实世界之所以有这些黑暗现象,就在于封建统治者压制着人民的思想自由,侵犯了人民的天赋权利。他不怕封建反动派的种种威胁,高举着自由和人权的旗帜,勇敢地批判了封建专制政治。他主张向君主们索回迄今受他们压制的思想自由。他说,"君主,你绝没有任何权利压制我们的思想自由。"(《全集》第6卷,第28页)"任何把自己看做是别人的主人的人,他自己就是奴隶。即使他并非总是果真如此,他也毕竟确实具有奴隶的灵魂,并且在首先遇到奴役他的强者面前,他会卑躬屈膝。"(《全集》第6卷,第309页)

费希特就像法国小资产阶级民主派思想家卢梭一样,憧憬着一个具有最大限度的财产平等和道德平等的小私有者社会,憧憬着一个人人都进行劳动与和睦相助的理想社会。在这个社会里,每个人都具有要求一切社会成员完全平等的意向,都具有关于人的理想;"他千方百计地试验别人,观察别人,如果发觉别人低于这个理想,他就努力把别人提高到理想的程度。"(《全集》第6卷,第307页)在这个社会里,每个人都选择了一种为别人服务和维持自己的生计的专业,都具有两种技能:"一为给予的技能,即把别人作为自由生物而加以影响的技能,一为获取的技能,即从别人对我的影响中获取最大益处的技能。"(《全集》第6卷,第311页)关于这种想象的"理性王国"里的人与人的关系,他写道:"呵!我们确实有真正为善和日益变好的共同呼声,并且将来总有一天确实会到来那么一个时刻——不管再过几百万年,时间算得了什么!——那时我将把你吸引到我的活动范围里来,那时我会为你谋幸福,也能从你那里得到幸福,那时那种相互自由给予和自由

获取的绝佳纽带也会把我的心同你的心联结在一起”。(同上)

与那种认为科学的发展会败坏人类道德的观点相反，在费希特看来，“人类的整个发展直接取决于科学的发展。谁阻碍科学的发展，谁就阻碍了人类的发展。”(《全集》第 6 卷，第 328 页)他肯定了科学在人类征服自然和自我完善中的伟大作用，认为科学不仅能够帮助人类开发大自然的宝藏，丰富自己的物质生活，而且能够帮助人类把自己变得更高尚，在大地上建立起“理性王国”。他尖锐地批判了封建反动派的愚民政策，指出他们生怕人类变得更聪明和更优秀，他们总是阴险地、狡猾地盘算着，寻找他们向人类进攻的突破口，以便把人类毁灭在萌芽之中。费希特认为，学者的使命就在于用科学知识为社会服务，关心人类的进步事业，使人类不要停顿和倒退。学者不仅要看到当前的立脚点，同时也要看到人类现在就应当向哪里前进。他特别主张学者要有一种不怕任何艰险而去完成自己的使命的火般热忱，要有一种敢想敢做，忍受痛苦，至死忠于真理的献身精神；他十分藐视那些追逐个人利禄的御用学者，说他们在研究问题时考虑的不是“人类是否会由此获得什么好处”，而是“我是否会由此得到什么好处”，比如，得到多少金钱，得到哪个亲王的赏识。(《全集》第 6 卷，第 338 页)费希特把科学当做建立“理性王国”的重要手段，这虽然是以唯心史观为前提，但他所得到的实际结论却发人深思。

与那种认为国家机器会万世长存的观点相反，在费希特看来，甚至于最好的政府也不过是建立“理性王国”的手段，一俟这个王国建立起来，它就被理性力量代替了。他说，“国家生活不属

于人的绝对目的，相反地，它是一种仅仅在一定条件下产生的、用以创立完善社会的手段。国家也和人类的一切典章制度一样，是纯粹的手段，其目的在于毁灭它自身：任何一个政府的目的都是使政府成为多余的”。“到那时，纯粹的理性将会代替暴力或狡猾行为，作为最高仲裁者而得到普遍承认。”（《全集》第6卷，第306页）在这里，费希特应用“有生者必有死”的辩证思想，去考察现存政府发展的归宿，认为它必然会毁灭自身，这充分表现了德国古典唯心辩证法的革命精神。但他也像任何进步思想家一样，未能超出他的时代给予他的限制。他所说的政府的毁灭实际上就是一切封建政府的毁灭，而他所谓“理性王国”的最高仲裁者在实践中也只能表现为他所梦寐以求的资产阶级民主共和国。

对于如何达到这种理想境界，费希特最初认为，“暴力革命总是人类的一种勇敢的冒险行为；如果它成功了，获得的胜利就会招来明显的麻烦；如果它失败了，人类就会从贫困被迫走向更大的贫困。比较保险的办法是逐步走向更好的开明社会，从而走向国家制度的改善。”（《全集》第6卷，第5页）他希望通过改革实现他的“理性王国”，并且劝告当局不要拖延和拒绝改革，否则，人民就会极度困难，一贫如洗。但封建君主一味反对实行业已提出的必要改革，这就使他抛弃了那种认为不可违背良心，犯上作乱的顺民思想，而进一步认识到，只要出于社会的公意，用暴力革命改变国家制度也就是凭良心办事。他说，“如果我不坚信社会希望推翻国家，这种推翻国家的活动确实是违背良心的。”（《全集》第4卷，第238页）但是，“任何诚实的人，当他仅仅确信共同意志的时候，他就会心安理得地依靠他的良心，去完全推翻国家。”（《全集》

第4卷，第240页）他蔑视那种"君权神授"的谰言，而认为只有人民才是地上的最高神圣力量。他说，"人民实际上按照法律是至高无上的权力，这种权力是任何别的权力的源泉，它只对上帝负责。在人民议会面前，行政权实际上按照法律失去了它的权力……在世界上还有什么比人民更高的呢？"（《全集》第3卷，第182页）然而，费希特并不真正认识人民的伟大革命威力，当他的民主主义思想在当时的德国找不到付诸实现的阶级力量，无法变成现实的时候，他就陷入空想中去了，最后竟然把推广国民教育视为改革现状的手段。这同时也表现了德国资产阶级要求改变现状，但又缺乏力量的一种失望心理。

*　　*　　*

费希特是作为康德哲学的追随者登上哲学论坛的。他把自己的第一部哲学著作《试评一切天启》（1792年）送给康德，得到了康德的赞同。当这部著作由于偶然原因忘记刊印他的姓名而发表出来的时候，人们竟以为这是康德的论著。在这部著作里，费希特完全以康德的口吻写道，神学家关于上帝存在的论断和无神论者关于上帝不存在的论断，在理论上同样是不可证明的；但道德的实现却以对上帝的信仰为前提，因为如果没有对上帝存在的信仰，道德就不可能实现。尤其是，康德从理论上论证意志自由的学说，给了费希特以很大的鼓舞。他认为，从康德的自由学说中可以得出许多有益的社会结论。他写道，"对我来说，明如白昼的事实是：从人的一切行动都有必然性这个原则出发，会给社会带来非常有害的后果，所谓养尊处优的阶级之所以大量道德败坏，即源出于此。"（《书信集》第1卷，第142页）费希特反复声明，

他的体系无非就是康德的体系。

但费希特很快就发现了康德哲学的两重性。在他看来，彻底的哲学体系只有两种：或者是把主体作为出发点，在逻辑上从主体引申出客体的存在，这就是批判的体系或唯心论；或者是从客体出发，认为客体不依赖于主体，这就是独断的体系或实在论。他说，“批判的哲学的本质就在于把一个绝对的自我陈述为绝对无条件的和不能被任何更高的东西所决定的”；“反之，那种把某物与自在的自我等同和对立起来的哲学则是独断的。”（《全集》第1卷，第119页）康德企图调和唯心论与唯物论。费希特认为，康德的不彻底性就在于承认不依赖于“自我”的“自在之物”，这是“实在论”；他向那些用唯物论解释康德的人们大声喊道：“在你们看来，地在象上，象在地上。你们的自在之物实际上是一种纯粹思想，却被假定为作用于自我！”（《全集》第1卷，第483页）费希特从右的方面克服康德的二元论，继承和发展了康德的主观唯心论，批判和抛弃了康德的唯物论。他要把思想的东西变为物质的东西，他殷切希望实现资产阶级民主，但又生活在一个还不可能发生资产阶级革命的国度。他所欢迎的法国革命在德国还没有实现的基础。他由此得出结论说，“因为在我的内心之外我不可能改变这种情况，所以我便决定在我的内心之中去改变这种情况。”（《书信集》第1卷，第143页）于是，他便想用改变人们的意识的办法，去改造他的时代的社会状况。他赋予意识以非常巨大的意义，用主观唯心论去论证达到自由的途径，把“绝对的自我”当做他的体系的出发点。

费希特试图在主观唯心论基础上建立起一种思辨哲学体系。

这个课题是他在耶拿大学活动的时期完成的。他认为,哲学的任务是说明一切经验的根据,为一切知识确立基本原理。所以,费希特的哲学体系叫做“知识学”。这种“知识学”有三条基本原理:

1. 正题:“自我”在纯粹抽象的活动中设定自身。——这就是说,“自我”自己确立自己,自己赋予自己以精神存在,自己从自己出发。

2. 反题:“自我”设定“非我”。——这就是说,“自我”在自己的意识中塑造某种不是“自我”本身的东西,即创造事物、自然。

3. 合题:“自我”在自身中把一个可分割的“非我”与可分割的“自我”对立起来。——这就是说,“自我”和“非我”在意识中相互限制,彼此关联。

费希特坚决反对从物质到意识、从客体到主体的唯物论路线,而主张从意识到物质、从主体到客体的唯心论路线。他把“自我”或“自我意识”规定为一切事物的绝对在先的和无条件的出发点,认为整个现实世界都是从这个自我中逻辑地推演出来的。他写道,“自我是一切实在的源泉。只有通过自我,并且与自我一起,才得出了实在这个概念。”(《全集》第1卷,第134页)他把思维这种高度组织起来的物质的属性冒充为绝对的本原,而把物质这种本原的东西歪曲为派生的东西。这种主观唯心论曾经受到同时代人越来越多的嘲笑。正如海涅报道的,“‘多么无耻!’善良的人们喊着说,‘这个人不相信我们存在着。我们,我们要比他肥胖得多,而且作为市长和官厅秘书,我们还是他的上司呢!’那些贵妇人们问道,‘难道他连他太太的存在也不相信吗?怎么?难道费希特太太竟会允许这种事吗?’”(《论德国宗教和哲学的历史》,商务印书馆1972年版,第117页)为了避免他的主观唯心论必然导致这种荒谬结论,费希特强调指出,自己设定自己的自我并不是个体的自我,相反地,一切个体都包含在一个纯粹精神的伟大统一体里。他把人类的自我转变为"绝对自我"或精神实体,他写道,"既然自我被看做是包含着一切实在的整个全然确定的范围的,那么自我就是实体。"(《全集》第1卷,第142页)但这样一来,他的主观唯心论就开始转向客观唯心论,从而为过渡到谢林和黑格尔的哲学作了准备。

如果说康德把"自我"主要视为从事认识活动的理性生物,从而停留在理论理性与实践理性的二元论观点上,那么,费希特则把"自我"主要视为从事实践活动的理性生物,想由此克服理论理性与实践理性的二元论观点。在费希特看来,人类的一切活动只有一个本原,那就是能动的自我。当自我按照事物的本性,用自己对于事物的表象来认识事物时,理性是理论的;反之,当自我按照自己的理解来创造事物,使事物服从于自己的表象时,理性则是实践的。理论理性并不像康德断言的那样,驾驭着实践理性,而是以实践理性为基础。他说,"并不是理论能力使实践能力成为可能,相反地,是实践能力才使理论能力成为可能(理性本身纯粹是实践的,只有把自己的规律应用于限制着自己的非我,才成为理论的)。"(《全集》第1卷,第126页)费希特从这种能动的自我中引申出空间和时间、量和质、可能和现实、偶然和必然等等范畴来,引申出整个客观世界来,认为康德所无法调和的先验与经验、理论与实践、形式与内容等等矛盾都在这里得到了解决。他宣称,"一切实在性都是能动的;一切能动的都是实在性。"(《全集》第1卷,第134页)他把这个能动的自我描绘成为勇敢地反抗威严的自然力量的英雄,借以表现其向一切邪恶的封建势力挑战的无畏精神;他用寓情于景的方法写道:"面对威严的峭壁丛山和汹涌瀑布,眼观猛烈翻腾的火海风云,我昂首挺胸,无所畏惧,我说:我永生不死,我藐视你们的威力!来吧,你们都冲击我来吧!你,大地,你,苍天,任你们混成一团,放肆胡闹!你们,自然界的暴力,任你们奔腾怒吼,疯狂争斗,把物体——我称之为我的身体——的最后一粒太阳尘埃都彻底毁掉!但唯独我的意志与其坚定的计划一起会英勇地、冷静地飘扬在宇宙废墟之上;因为我领受了我的使命,这使命比你们更加持久;它是永恒的,我和它一样,也是永恒的。"(《全集》第6卷,第322—323页)

旧唯物主义者虽然认为思维是客观实在的反映,但对认识过程作了形而上学理解,没有看到认识主体在反映过程中的能动作用,没有看到实践活动是认识过程的出发点和基础。费希特克服了这个缺陷,发展了认识主体的能动方面。但他的能动的主体并不是从事社会实践的人,而是"形而上学地改装了的、脱离自然的精神"(《马克思恩格斯全集》第2卷,第177页);他所讲的实践活动并不是人类改造自然和改造社会的物质活动,而是绝对自我的抽象精神活动,因此,他关于认识主体的能动作用的论述就完全是主观唯心论的,并且带有唯意志论的特点。关于这一点,马克思曾经写道:"从前的一切唯物主义——包括费尔巴哈的唯物主义——的主要缺点是:对事物、现实、感性,只是从客体的或者直观的形式去理解,而不是把它们当做人的感性活动,当做实践去理解,不是从主观方面去理解。所以,结果竟是这样,和唯物主义相反，能动的方面却被唯心主义发展了，但只是抽象地发展了，因为唯心主义当然是不知道真正现实的、感性的活动的。”(《马克思恩格斯全集》第 3 卷，第 3 页）

康德认为，“纯粹理性”在超越现象世界去认识“自在之物”时，就必然会产生“二律背反”。他发现了认识过程中的辩证矛盾，但又认为这是谬误的逻辑。费希特比康德前进了一步，他不是把辩证法看做“纯粹理性”所陷入的谬误，而是看做存在和认识所固有的实在过程。不过，作为主观唯心论者的费希特，认为辩证矛盾是从自我中产生的，他并不能证明主观的辩证法是对外部世界的客观辩证法的反映。虽然他也对客观辩证法有过个别的猜测，说“自然界在自己的永恒的转化洪流中迅速地前进着，当我还在谈我所观察的环节时，它已经消逝了，一切也都起了变化；在我能够抓住这个环节以前，一切又成为另一种样子。”(《全集》第 2 卷，第 173 页）但是，他的辩证法却主要是主观的辩证法，是主体和客体、自我和非我的辩证法。在他看来，第一，主体与客体在绝对的、无所不包的自我的范围里是互为存在前提的。“自我设定非我是由自我限制的”；“自我设定自身是由非我限制的。”(《全集》第 1 卷，第 125—126 页）没有主体就没有客体，没有客体就没有主体。第二，主体与客体在绝对的、无所不包的自我的范围里是相互作用的。自我以自己的能动性作用于非我，以自己的受动性接受非我对自己的作用；非我以自我给非我设定的受动性接受自我的作用，以自我给非我设定的能动性作用于自我。因此，“自我与非我之间的这种相互作用同时也就是自我与其自身的相互作用”(《全集》第 1 卷，第 280—281 页)。第三，主体和客体在绝

对的、无所不包的自我的范围里是相互转化的。自我的能动性被转移到非我中,非我的受动性被转移到自我中。“自我如果不把能动性设定到非我中,便不能把任何受动性设定到自身;但是,自我如果不把某种受动性设定到自身,便不能把任何能动性设定到非我中。”(《全集》第1卷,第148页)自我从自身把能动性转移到什么程度,自我在自身就把受动性设定到什么程度。费希特把主体与客体的这种矛盾关系规定为人类精神的运动规律,规定为认识过程的根本内容。他的这种主观辩证法思想,后来在黑格尔的哲学里得到了系统的发挥。

* * *

当然,费希特的这些社会政治思想和哲学思想并不是一贯的。如果说他对封建专制制度的批判最初非常坚决,那么后来就不那么尖锐了;如果说他的哲学最初是用以消灭人格上帝的观念的,那么后来就带上了某些神秘主义色彩。与其他德国古典哲学家一样,费希特在自己的思想发展过程中也有一种日益转向保守的趋势。1794年发表的《论学者的使命》主张消除人与人之间的社会不平等,1800年发表的《锁闭商业国》则认为社会分为地主、手工业者与商人三个等级是必要的;1793年发表的《纠正公众对法国革命的评论》主张改变封建社会制度,1805年发表的《现时代的根本特点》则试图证明现存社会秩序的必要性,说什么“哲学的考察认为一切都是必要的,因而也是良好的,并且要同一切现存事物相调和”(《全集》第7卷,第13—14页);1793年发表的《向欧洲君主索回他们迄今压制的思想自由》号召人们进行斗争,把资产阶级民主自由作为人民生活的基础,1806年发表的《极乐生活

指南》则号召人们温文恭顺，把信仰上帝作为一切精神生活的基础。

费希特的这种变化是在他被驱逐出耶拿大学，政治上陷于困顿的时候发生的。当时在耶拿，魏玛政府的封建卫道士们把他视为最可怕的无神论者和雅各宾派，想方设法刁难他，迫害他。不仅如此，德国其他各地的封建专制政府也把他视为一个煽动革命的危险人物，对他严加防范。当他作为一个普通旅行者到达普鲁士首府谋求安身立命之地的时候，柏林当局竟然把这看做一种重要政治行动。警察出现在他身边，对他进行盘问。普鲁士国王威廉二世曾经用软硬兼施的态度向他声明，如果他是一个安分守己的公民，并且不参加任何危险的结社，他可以在这个国家里平安地居住下去；如果他真是与仁慈的上帝为敌，上帝就会惩罚他，而这与普鲁士国王毫无关系。结果，在饱尝了魏玛政府的严厉制裁以后，费希特又不得不生活在普鲁士政府的严厉监视之下。

这位哲学家的思想离不开他在封建专制主义鞭笞下喘息的肉体。从耶拿到柏林的这段生活经历，显然对费希特发生过巨大的影响。把耶拿时期的著作同柏林时期的《人的使命》相比，我们就会看到这样的差别：在前一时期，费希特把封建专制势力比拟为自然界的暴力，在这种力量面前，他昂首挺胸，无所畏惧，在这一时期他却在同样的力量面前悲痛呻吟，显得软弱无力；在前一时期，费希特想从批判涂炭生灵的封建专制制度中直接建立起一个自由平等的理性王国，在这一时期他却认为必须与这种专制制度妥协，以便为建立理性王国做准备工作；在前一时期，费希特表现出一种不屈不挠，为真理而殉于职守的坚强性格，在这一时期他却像一个老夫子，开始舞文弄墨，哼哼唧唧起来。他不仅带着所谓无神论之争给他造成的委屈情绪，向苍天倾诉，希求知音，而且发展了一种悲观厌世、向往彼岸的思想，认为死亡是生命的升华，它会把悲伤留到感性世界，而使人们在超凡世界感到欢乐。

关于费希特后来这种变化，海涅形象地指出，“他从一个唯心主义的巨人，一个借着思想的天梯攀登到天界，用大胆的手在天界的空旷的屋宇中东触西摸的巨人，竟变成了一个弯腰曲背、类似基督徒那样，不断地为了爱而长吁短叹的人”。但是，“费希特幸亏死得早，死在他对自己的哲学的背叛还没有充分暴露以前。”(《论德国宗教和哲学的历史》，商务印书馆 1972 年版，第 135、143—144 页)这就是说，费希特尽管没有像谢林那样，在晚期变成封建主义卫道士和神秘主义哲学家；但他却在通过严酷的现实，追求资产阶级理想，达到大胆、圆满的社会政治结论以后，由于受到反动派的监视和鞭笞，丧失了过去那种钢铁般的坚毅性，开始变得温和而拘谨起来，在一定程度上表现出了他同封建社会势力妥协的倾向。这种现象主要应该归因于当时德国的经济情况和政治情况，归因于当时德国资本主义的不发达和资产阶级的软弱性。

在费希特的晚年，当拿破仑把保卫法国革命的正义战争转变为侵略欧洲其他民族的非正义战争时，他认识到，拿破仑已不再是德国专制君主想用暴力扼杀的自由思想的救星，而是用阴谋诡计剥夺自由的革命死敌，犹如一只翱翔在欧洲上空，寻取捕物的秃鹰。他发表了一系列热情洋溢的演说，号召德国人民从事反对拿破仑的民族解放战争。这些演说尽管在表现民族自豪感时流露出某些民族沙文主义倾向,但主要是宣传爱国主义思想的,而且依然迸发着民主主义的思想火花。他认为,这场解放战争的结局应该是德国人民从封建奴役下解放出来,而不应该是德国封建君主对拿破仑的胜利。在他看来,连绵不断的战争的根源在于各国的封建专制制度。他号召他的同时代人消除这个战争根源,而这只不过意味着用资产阶级共和国去代替绝对君主专制罢了。他的夙愿是通过这种解放战争,改变封建专制制度,在资产阶级民主制度的基础上统一德国。他说,"除非铲除掉各邦君主,德意志民族便根本不能诞生"(《全集》第七卷,第 547 页)。但这个良好愿望并没有得到实现。他在预感到这一点时写道,"如果在斗争中得救之后的民族独立又为统治家族的利益而牺牲,如果事实表明统治者虽然也希望为了他们的统治而让他们的人民流出最宝贵的鲜血,但是又不愿意为民族的独立而冒结束他们的统治的危险,那么,在这样的情况下就绝不会有最有理性的人。"(《全集》第 4 卷,第 414—415 页)他病死在胜利的欢呼声中,不抱希望,没有幻想,清清楚楚地预见到滑铁卢战役后德国将会遭受的一切灾难。

*　　　*　　　*

费希特和康德、黑格尔一样,是马克思主义哲学的先驱之一。恩格斯讲过,"如果说,德国资产阶级的教书匠们已经把关于德国大哲学家和他们所创立的辩证法的记忆淹没在一种无聊的折中主义的泥沼里,而且已经做到了这样一种程度,以致我们不得不引用现代自然科学来证明辩证法是存在于现实之中的,那么,我们德国社会主义者却以我们不仅继承了圣西门、傅立叶和欧文,而且继承了康德、费希特和黑格尔而感到骄傲。”(《马克思恩格斯全集》第19卷,第347页)现代资产阶级哲学家现在仍然以这种或那种方式,抹杀费希特的进步方面,而突出他的保守方面。例如,雅斯贝尔斯掩盖了费希特抨击封建专制制度的历史真相,胡诌什么“他到哪里,就会在哪里制造争端”(《谢林》,慕尼黑,1955年,第283页);W.舒尔茨则把费希特从右边批判康德二元论歪曲为“统一自由和理性的尝试”,并且歪曲他的辩证法,说“费希特用辩证关系把我和你这两者设定为一个我们,而这个我们就是把你和我统一起来的神圣事物的道德理性秩序”(《费希特》,普菲林根,1962年,第7、21页)。因此,系统深入地研究费希特哲学,阐明马克思主义创始人怎样批判地继承了他的进步传统,进一步批判现代资产阶级哲学家对他的曲解和伪造,仍然是我们在德国古典哲学研究领域中的一个课题。

译　者

1983年8月

目　　录

论学者的使命

人的使命

论学者的使命

前　　言 (VI,291)

这些演讲是今年上学期向许多在我们这里学习的青年作过的[1]。作者本来打算完成一部著作，并到适当时候公之于世，而这些演讲就是这部著作的导言。一种既无助于正确评价，也无助于正确理解这些篇章的外在原因，促使他把这头五篇演讲只字未改地照他原来的讲稿单独付印。但愿这会证实他在表达上的某些疏忽之处是无可厚非的。他担负着许多别的工作，不可能一开始就赋予这些文章以他所希望的那种完善的形式。表情丰富的演讲有助于加强口头报告的效果。为了发表而修改这些文章是同口头报告的附带目的背道而驰的。

这些演讲里有许多见解未必会使所有读者感到满意。但是这并不能成为指责作者的理由，因为作者在自己的研究中考虑的并不是某种东西令人喜欢或令人讨厌，而是这种东西是否合乎真理；他竭尽自己的所能，说出了他凭自己的良知视为真理的东西。

但除了那类并非无缘无故讨厌我所说的东西的读者以外，还可能有另外一些读者，他们认为我所说的东西是不可能实现的，(VI,292)
是与既存的现实世界格格不入的，因而认为至少是无济于事的；甚至还要考虑到，其他绝大部分正直的、正派的和明智的人们也会作出这样的评论。因为尽管在过去的各个时代里能够真正明理的人为数甚少，然而由于我在这里不便说明的理由，这种人数却从来都不比现在少。在我们的日常经验所涉及的范围里，虽然人们也许比以往能独立作出更概括的思考和更正确的判断，但多数人一俟稍微越出这个经验的范围，就会完全误入歧途，眼花缭乱。如果他们不可能把那些从前熄灭了的卓越的天才火花重新激发起来，他们就必定会让它们安静地停留在经验范围里，而且只要它们在这个范围里是有益的和不可或缺的，他们也必定会让它们在这个范围里或者为了这个范围充分保存自己的价值，而不被贬低。但是，如果现在他们因此而要求把自己所达不到的一切都降低到自己的水平，举例说，他们要求把一切见诸经传的真理都当做菜谱、计算表或办事细则来使用，而无端指责不能这样加以使用的一切，那么他们自己就大错而特错了。

理想在现实世界中是不能加以模拟的，这一点我们其他人也许像他们一样是了解的，也许比他们了解得更清楚。只不过我们坚信，现实必须根据理想加以评判，而且必定会为那些自觉有力量这么做的人们所改变。假定他们连这一点都不能相信，那么他们在成为现在这样的人以后，就不会丧失什么东西，而人类也毫无所失。由此完全可以看清楚，在使人类高尚的计划中恰恰不能指望他们这种人。毫无疑问，人类将继续走自己的道路；至于他们，但愿仁慈的自然去摆布他们，在适当的时候赐予他们以甘霖和阳光，有助健康的食物和源源不绝的清澈果汁，再加上聪明的思想！

耶拿，米迦勒节[②]，1794年

第一讲　论自在的人的使命

(VI, 293)

今天我开始作的这些演讲的目的，有一部分你们大家都已知道[③]。各位先生，我想回答，或者毋宁说，我想让你们自己回答下列问题：学者的使命是什么？学者同整个人类及其各个阶层的关系怎样？他用什么手段才能最稳妥地完成自己崇高的使命？

学者之所以为学者，仅仅是由于学者不同于其他的非学者；学者的概念是通过比较，通过他同社会的关系而产生的，这种社会不仅指国家，而且一般也指有理性的人们的任何结合，这些人在生存空间里相互毗邻，因而彼此相关。

由此可见，这样的学者的使命，只有在社会里才是可以思议的；所以要回答学者的使命是什么这个问题，就必须先回答另一个问题，即社会的人的使命是什么。

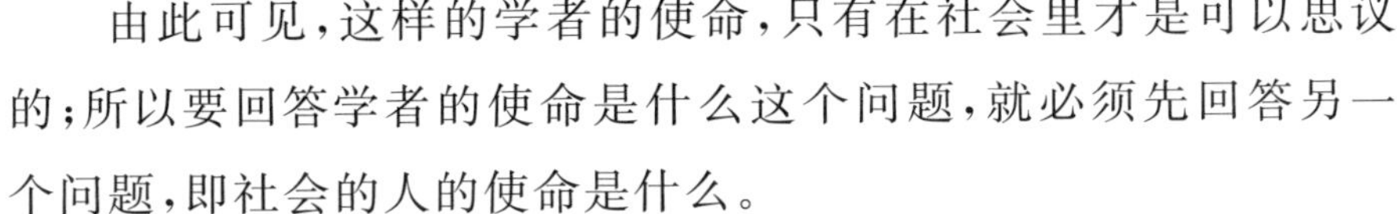

而要回答这个问题，又必须先回答另一个更高深的问题，即自在的人的使命是什么？所谓自在的人就是这样一种人，这种人仅仅被想象为是人，是仅仅按照一般人的概念加以想象的；这种 (VI, 294) 人是孤立的，没有任何结合，在他的概念里必然不包含任何结合。

当然，我现在无须证明，即可对你们说，全部哲学，一切人类的思维和学说，你们的整个研究工作，特别是我想要分别向你们报告的一切，其目的无非都在于回答上面已经提出的问题，特别是回答最后的那个最高深的问题，即一般人的使命是什么？通过什么手段他才能最稳妥地完成这一使命？对此，你们当中的许多人无疑早已作出了证明；其他人虽然感觉还很模糊，但并未因此而没有什么强烈感觉。

预先假定一种完整的哲学，即一种彻底详尽的哲学，虽然不是为了能感觉到这个使命，然而却是为了对这个使命有一种清楚的、明白的和完全的认识。自在的人的这个使命也就是我今天演讲的题目。各位先生，您们知道，要是我不能在这一课程中把全部哲学阐述清楚，我就不能在这个课程中完全由哲学根据中推断出我要讲的内容。但是，我能把我要讲的内容建立在你们的感觉基础上。同时你们也知道，学者的使命是什么，或者说，最高尚、最真诚的人的使命是什么——将来会表明这二者是同一个意思——这个我想在我的公开演讲中回答的问题是全部哲学研究的**最后的**课题；反之，一般人的使命是什么，这个我想在我的私人演讲中加以论证，而今天只想简单提示一下的问题则是全部哲学研究的**最初的**课题。现在，我就来回答上面提出的问题。

人的真正精神，即完全自在的、孤立的、与自身之外的某物毫无关系的纯粹自我到底是什么？这个问题是不可能回答的，更确切地说，这个问题包含着一种自相矛盾。诚然，认为纯粹自我就是非我——我把被想象为自我之外存在的、有别于自我的、与自
(VI, 295) 我对立的一切东西称为非我——的一种产物，这是不真实的，依我看，认为纯粹自我就是非我的一种产物这个命题可能表现一种完全同理性矛盾的先验唯物论；但是，认为除非在自己的经验规定性中，自我既永远不会自己意识到自己，也不会被意识到，而这

些经验规定性又必然以自我之外的某种东西为前提，这倒确实是真实的，而且在自我所在的地方将会得到严格证明。就连人的身体——人称之为自己的身体——也是自我之外的某种东西。除了这种联系之外，人从来就不可能成其为人，而是某种对我们来说简直不可思议的东西，如果我们还能把这样一种根本不具备思想的东西称为某种东西的话。因此，考察自在的和孤立的人，并不意味着在这里或在任何地方把人仅仅看成纯粹自我，认为人与其纯粹自我之外的某种东西没有任何关系；反之，这样考察人仅仅意味着把人想象为与其同类理性生物没有任何关系。

如果人是这样被想象的，那么他的使命是什么呢？按照人的概念他作为人所具有的本质——这种本质在我们所熟知的生物中正是非人所不具备的——是什么呢？他同我们所熟知的生物中不称为人的一切东西又何以区别呢？

我应当从某种肯定的东西谈起。因为我在这里不可能从“我在”这个绝对肯定的原理出发，所以我必须同时提出一条原理作为假设，而这条原理不可磨灭地存在于人的感觉之中，它是全部哲学的结果，可以严格地加以论证，而且我将在我的私人演讲里予以严格论证。这条原理就是：既然人确实有理性，所以他就是他自己的目的，这就是说，他之所以存在，不是因为某种别的东西应当存在，反之，他之所以完全存在，是因为他应当存在；他的单纯存在是他的存在的最终目的，或者在同样的意义上说，人们绝不能毫无矛盾地探求他的存在的任何目的。他之所以存在，是因为他存在。人应当仅仅被视为理性生物，就此而言，绝对存在的这种特性，为他自己而存在的这种特性，就是他的特性或他的 (VI, 296)

使命。

但是，人不仅具有绝对存在、纯粹存在，他还具有这种存在的特殊规定；**他不仅存在**，而且**他也是某种东西**；他不仅说“我在”，而且还说我是这个或那个。就他是一般存在而言，他是理性生物；就他是某种东西而言，他又是什么呢？这个问题我们必须予以回答。

他之所以为他所是的**东西**，首先不是因为**他存在**，而是因为**在他之外有某种东西**。经验的自我意识，也就是对我们赋有的某种使命的意识，正如我们在上面已经说过和将来在适当地点也将证明的那样，除非以某种非我为前提，是不可能成立的。这种非我必定影响经验自我意识的受动能力[④]，我们把这种能力叫做感性。因此，人就其为某种东西而言，是感性生物。但是按照上面所说的，他同时也是理性生物，他的理性不应当为他的感性所取消，反之，两者应当彼此长期并存。在这二者的结合当中，上面所说的人之所以存在是因为他存在的那个原理就变成了如下的原理：**人之所以应该是他所是的东西，完全是因为他存在**，也就是说，他所是的一切，应该同他的纯粹自我，同他的纯粹自我性相关联；他之所以应该是他所是的一切，纯粹是由于他是一个自我；而且因为他是一个自我，所以一般说来，他根本不应当是他所不能是的东西。这个迄今还不清楚的公式马上就会解释清楚。

纯粹的自我只能从反面加以设想，只能被想象为非我的对立面，因而只能被想象为完全绝对的单一性，而非我的特性则是多样性；纯粹的自我总是同一个东西，而且永远不会是别的东西。因此还可以把上述公式表达成：人应该永远自相一致，而绝不应
(VI, 297) 该自相矛盾。这就是说，纯粹自我绝不会自相矛盾，因为他自身

没有任何差异，而永远是同一个东西。但经验的、由外在事物决定的和可以由外在事物决定的自我则会自相矛盾；经验自我不是按照纯粹自我的形式决定的，不是自己决定自己的，而是由外在事物决定的，这就是经验自我经常自相矛盾的一个确实标志。但这是不应当有的情况，因为人本身就是目的，他应当自己决定自己，绝不应当让某种异己的东西来决定自己；他之所以应当是他所是的东西，是因为他希望成为这种东西，而且应当希求这种东西。经验自我应当具有它能永远具有的那种情绪。因此，我可以把伦理学的根本原理用下列公式表达出来：你要这样行动，就是把你的意志的准则能够想象为你自己的永恒规律。这是我为了解释这里讲的问题而附带说明的一点。

所以，一切有限的理性生物的最终使命，就是绝对自相统一，始终自相同一，完全自相一致。这种绝对同一就是纯粹自我的形式，是纯粹自我的唯一真实的形式；或者更确切地说，那个形式的表现是在同一性的可思议性基础上**被认识到**的。但是，哪种规定能够被想象为永久的，哪种规定就符合于自我的纯粹形式。大家切不可模棱两可地、片面地理解这一点。不仅意志应当始终自相一致——只有在伦理学中才谈到意志——而且人的全部力量都应当符合于完全的同一性，都应当彼此协调一致，而这些力量本身仅仅代表一种力量，只是在运用于各种对象时才有区别。

但是，我们的自我的经验规定至少绝大部分不取决于我们自己，而是取决于我们之外的某种东西。不错，意志在自己的范围内，也就是在自己所能涉及的各个对象的范围内，在人知道了这些对象以后，像在适当的时候将会严格证明的那样，是绝对自由

(VI, 298) 的。但是，感觉和以感觉为前提的表象则是不自由的，而是取决于自我之外的事物，这些事物的特点完全不是同一性，而是多样性。然而，如果自我也在这方面应当始终自相一致，那么自我就必须力求直接影响那些决定人的感觉和表象的事物本身；人必须设法改变事物的形态，使事物本身同他的自我的纯粹形式相一致，从而使那些取决于事物性状的事物表象也同这个形式相一致。然而这样改变事物的形态，即事物应当按照我们关于它们的必然概念而存在，单靠纯粹的意志是不可能的，而且还需要有一定的技能，而这种技能是通过锻炼获得和提高的。

此外，更重要的是：在我们的理性还没有觉醒的时候，由于事物对我们所自然而然地信赖的自我具有毫无阻碍的影响，我们的可以由经验决定的自我本身就接受了一定的曲折变化，而这些曲折变化不可能符合于我们的纯粹自我的形式，因为它们来源于我们之外的事物。为了消灭这些曲折变化，在我们面前再现原来的纯粹形态，单靠纯粹意志同样是不够的，而且我们还需要那种通过锻炼获得和提高的技能。

我们之所以获得这种技能，一方面是为了抑制和消灭在我们的理性和我们的主动感觉醒以前产生的我们固有的错误意向，一方面是为了改变我们之外的事物的形态，按照我们的概念变更它们；依我看，获得这种技能就叫做**文化**，获得一定程度的这种技能同样也叫做文化。文化只有程度的不同，但是文化程度可以表现为无止境的。如果人被看做是有理性的感性生物，文化就是达到人的终极目的、达到完全自相一致的最终和最高手段；如果人被
(VI, 299) 看做是单纯的感性生物，文化本身则是最终目的。感性应当加以

培养，这是用感性可以做到的最高的、最终的事情。

综上所述，最后的结论如下：人的最终和最高目标是人的完全自相一致，而且为了使人能自相一致，还在于人以外的一切事物同他对于事物的必然实践概念相一致，这种概念决定着事物应该是怎样的。用批判哲学的术语来说，这种一致一般就是康德称为至善的那种东西；从上所述可以看出，这个至善本身根本不具有两部分，而是完全单纯的；至善就是理性生物的完全自相一致。至于说到取决于自身之外的事物的理性生物，它倒可以被看做是双重性的：一是意志同永远有效的意志的观念相一致，或者叫做伦理的善，一是我们之外的事物同我们的意志（当然指我们的理性意志）相一致，或者叫做幸福。因此（可以顺便指出），认为人由于渴求幸福，注定会达到伦理的善，这种看法是完全不对的；倒不如说，幸福概念本身以及对于幸福的渴求才是从人的伦理本性中产生的。并非造福的东西就是善的，而是只有善的东西才是造福的。没有伦理就不可能有幸福。当然，不讲伦理甚至在反对伦理的斗争中也可能产生快感，我们到适当时候将看到为什么会这样，但这种快感并不是幸福，反而甚至常常是与幸福背道而驰的。

使一切非理性的东西服从于自己，自由地按照自己固有的规律去驾驭一切非理性的东西，这就是人的最终目的；如果人不停止其为人，如果人不变成上帝，那么这个最终目的是完全达不到 (VI，300)
的，而且必定是永远达不到的。在人的概念里包含着这样一个意思：人的最终目标必定是不能达到的，达到最终目标的道路必定是无限的。因此，人的使命并不是要达到这个目标。但是，人能够而且应该日益接近这个目标；因此，无限地接近这个目标，就是

他作为**人**的真正使命，而人既是理性的生物，又是有限的生物，既是感性的生物，又是自由的生物。如果把完全的自相一致称为最高意义上的完善，就像人们能够理所当然地称呼的那样，那么**完善**就是人不能达到的最高目标；但**无限完善**是人的使命。人的生存目的，就在于道德的日益自我完善，就在于把自己周围的一切弄得**合乎感性**；如果从社会方面来看人，人的生存目的还在于把人周围的一切弄得更**合乎道德**，从而使人本身日益幸福。

这就是被看做孤立的人的使命，所谓孤立就是指人与其同类理性生物没有关系。但实际上我们并不是离群索居的，虽然我今天不打算着重考察理性生物彼此之间的一般结合，然而，对于我今天与你们各位先生之间的这种结合，我还是必须作一种概括的考察。我今天向你们扼要指出的那个崇高的使命，就是我应当使许多大有希望的年轻人明确地认识到的使命；我希望这个使命成为你们全部生活的至高无上的目的和坚守不渝的指南；年轻人本来就肩负着一项使命，他们将在大小不同的范围内以自己的学说或行动，或者以这两者，再对人类发生强有力的影响，不断传播他们自己所获得的教养，处处造福于跟我们休戚与共的同胞，把他们提高到更高的文化阶段；我在陶冶年轻人的时候，很可能也在同时陶冶着千百万尚未诞生的人们。如果你们当中的某些人对
(VI, 301) 我有善意的评论，认为我感觉到了我这个特殊使命的尊严，认为我在我的研究和教学生涯中作为最高目的的，是在你们诸位先生当中，在同你们将会有共同接触点的一切人当中促进文化教养，提高人道修养，认为我把一切不适用于这个目标的哲学和科学都视为毫无意义的——如果你们都这么对我作出评论的话，那么，

我也许可以这么说，你们对我的意志的评论是完全正确的。我的力量能在多大程度上符合于这个愿望，这不完全取决于我自己；一部分要取决于我们所不能掌握的一些情况，一部分还要取决于你们诸位，取决于我所要求你们给予的关注，取决于我欣然充满信心地指望于你们的个人勤奋，取决于你们对我的信赖，这种信赖是我应该得到的，并且我将努力以行动得到这种信赖。

第二讲　论社会的人的使命

哲学在能成为科学和知识学以前，首先需要回答许多问题，这些问题一方面被决断一切的独断论者所遗忘，另一方面怀疑论者则只有冒着被指责为不理智、邪恶，或者二者兼而有之的危险，才敢加以暗示。

(VI, 302) 如果我不愿肤浅草率地对待某种自以为了解得比较透彻的事情，如果我不愿秘密掩盖和默然回避自己明知存在的困难，那么，我说我的命运就是必须在这些公开的演讲中涉及许多这类几乎还完全没有涉及的问题，而毕竟不可能完全解决它们，甚至还会冒理解不对和解释错误的危险；虽然在这里我乐于对问题穷根究底，但也只能为进一步思考提供一些**暗示**，为进一步教诲提供一些**指示**。各位先生，倘若我设想你们当中有许多通俗哲学家，他们丝毫不用费力，丝毫不用思考，单凭他们所谓人类的健全理智，就可以轻而易举地解决一切困难，那么我登上这个讲座就会往往不无胆怯。

在这些问题之中，尤其有如下两个问题，在它们得到回答之前，是不可能格外有什么根本的自然权利的；这两个问题是：第一，人凭什么权力把物体世界的一个特定部分称为**自己的**身体？他怎样把他的身体看做是属于他的自我的一部分？因为身体毕竟同自我恰好是对立的。第二,人是怎样假定和承认自身以外的同类理性生物的?因为在人的纯粹自我意识里毕竟不能直接产生这种理性生物。

今天我应该确定社会的人的使命,而要解决这一课题,则必须先回答后一个问题。我把理性生物的相互关系叫做社会。如果不预先假定在我们之外确实存在着理性生物,如果我们没有能够区别理性生物同所有其他一切不参与社交活动的非理性生物的显著标志,社会这个概念是不能成立的。我们是怎样做出这种假定的呢?这些标志又是什么呢?这就是我首先必须回答的问题。

"不论是在我们之外存在着类似于我们的理性生物,还是存在着区别理性生物同非理性生物的标志,这两者我们都是从经验得知的"——那些还不习惯于严格的哲学研究的人们当然可以作出这样的回答;但可以说,这样的回答是草率的,不能令人满意的,它根本不是回答我们的问题,而是属于一个完全不同的问题。他们所能援引的那种经验,甚至连利己主义者也是确实具备的,因此利己主义者现在还总是没有根本被驳倒。经验仅仅告诉我们,在我们的经验意识里包含着在我们之外还有理性生物的观念,这是没有争议的,任何一个利己主义者也不会否认。问题在于:这个观念以外的某种东西是否符合于这个观念?是否在我们之外还存在着不依赖于我们这种观念的理性生物?即使我们还没有想象到这一点。对于这类问题,经验不能告诉任何东西,因为经验毕竟是经验,这就是我们的观念体系。 (VI, 303)

经验充其量只能告诉我们,有些结果类似于理性原因引起的结果;但是,经验永远也不能告诉我们,引起这些结果的原因是作为自在的理性生物真实存在的，因为自在的生物本身并非经验的对象。

正是我们自己，才把诸如此类的生物带到经验世界里；用我们之外存在着理性生物这一事实去解释某些经验的，也正是**我们**。但是，我们**凭什么权力**去作这样的解释？这个**权力**在运用以前必须详细加以证明，因为它的有效性是以这种证明为基础的，而不能单纯以实际运用为基础；看来我们还没有能够前进一步，而恰好又停留在我们上面提出的问题上：我们是怎样假定和承认我们之外的理性生物的呢？

哲学在理论方面已经无可争议地通过批判家的透彻研究而
(VI, 304) 得到了解决[5]；所有至今还没有答案的问题必须根据实践原理加以回答，不过在这里我指的只是历史实践。我们应当试一试，我们能否根据这些原理真正回答业已提出的问题。

按照我们上次演讲的精神，人的最高意向就是力求同一，力求完全自相一致的意向；为了使他能永远自相一致，还要力求使他之外的一切东西同他对这一切东西的必然性概念相一致。在他之外的东西不仅应该同他的概念**不矛盾**，以致**符合于**他的概念的客体是否存在都好像对他无关紧要，而且在他之外的东西也应该真正提供某种符合于他的概念的东西。包含在他的自我中的一切概念，都应当在非我中得到一种相应的表现，即映象。他的意向就是这样规定的。

人也有理性概念，有合理行动和合理思维的概念，他一定不仅想在他自身之内实现这种概念，而且也想在他自身之外看到这种概念的实现。在他之外还可能有与他类似的理性生物，这也属于他的需求。

人不能创造这类理性生物，但是他可以把理性生物的概念当做自己观察非我的基础，指望找到某种符合于这个概念的东西。理性的原始的、最初表现出来的，但纯粹消极的特性，就是合乎概念的行动，就是合乎目的的活动。凡是带有合目的性的特点的东西都可能有一个理性的首创者；凡是根本不适用合目的性概念的东西，当然不会有理性的首创者。不过这个标志具有双重意义：把多种多样的东西协调为统一的整体，这是合目的性的特点；但这种协调有好多类型，它们可以用纯粹的自然规律——恰恰不是**机械**规律，而是**有机**规律——来解释。因此，我们还需要有一种标志，以便确实能够从某种经验中推断出它的一种理性原因。自 (VI, 305)
然也是按照**必然规律**，在它合乎目的地发生作用的地方发生作用的；理性则总是**自由地**发生作用的。因此，把多种多样的东西协调为通过自由可以造成的统一的整体，这仿佛是理性在现象世界中最可靠、最确实的特点。只是人们要问，应当怎样区别一种在经验中通过必然性产生的结果和另一种同样在经验中通过自由产生的结果？

一般说来，我根本不能直接意识到我之外的自由，我甚至不能意识到我之内的自由或我固有的自由，因为自在的自由是解释一切意识的最终根据，因此根本不能属于意识领域。然而我能意识到，在我的意志对我的经验自我作某种规定时，我除了意识到这个意志本身以外，意识不到另一个原因；而这种对原因的无意识，只要预先作适当的解释，就可以叫做对自由的意识；我们在这里也打算这样来称呼这种无意识。**从这个意义上说**，大家可以通过自由，亲自意识到自己固有的行为。

如果我们从上述意义上意识到的**我们的**自由行为，改变了现象世界给予我们的实体的作用方式，使这种作用方式不能再根据它以前所服从的规律来解释，而只能根据那种被**我们**作为**我们的**自由行为的基础的，并与以前的规律相反的规律来解释，那么，我们对这种改变了的规定就只能用这样一个假设来解释，即：那种作用的原因同样也是合理的和自由的。用康德的术语来说，从这(VI，306)里就产生了一种**合乎概念的相互作用**，一种合乎目的的共同体，这种共同体正是我称为社会的那个东西。这样，社会这个概念现在就完全得到了规定。

可以假定在自己之外存在着类似于自己的理性生物，这是人的基本意向；人只能在一种条件下作这样的假定，那就是人是按照我们上面所说的意义，同其他理性生物进行交往的。所以，社会意向属于人的基本意向。人**注定**是过社会生活的；他**应该**过社会生活；如果他与世隔绝，离群索居，他就不是一个完整的、完善的人，而且会自相矛盾。

各位先生，你们知道，不把一般社会与那种由经验制约的特殊社会——大家称之为国家——相混淆，是多么的重要。不管一个非常大的大人物怎么说，国家生活不属于人的绝对目的，相反地，它是一种仅仅在一定条件下产生的、**用以创立完善社会的手段**。国家也和人类的一切典章制度一样，是纯粹的手段，其目的在于毁灭它自身：**任何一个政府的目的都是使政府成为多余的**。现在确实还不是这样做的时候，而且我也不知道要经过多少万年或多少万万年才会到达那个境地。这里所说的根本不是把思辨原理运用于生活的问题，而是修正思辨原理的问题。现在虽然不是这样做的时候，但毫无疑问，在人类 a priori〔先天地〕标明的前进路程上总有那么一站，到那时所有的国家组成都将成为多余的。到那时，纯粹的理性将会代替暴力或狡猾行为，作为最高仲裁者而得到普遍承认。我之所以说纯粹理性将**被承认**为最高的仲裁者，是因为即使到那个时候，人们还会犯错误，从而伤害自己的同胞；但是，他们一定都起码有善良的意志，使自己证实自己的错误，而且一旦证实了这一点，他们就会纠正过来，补偿损失。在 (VI, 307)
这个时候没有到来以前，一般说来我们甚至还不算是真正的人。

综上所述，**通过自由所造成的相互作用**是社会的积极的特性。相互作用以自身为目的；行动是按照相互作用完成的，**单纯由于这个目的**，行动才得以完成。但是，说社会就是它固有的目的，这绝不否定相互影响的方式还可以有一种特殊的规律，这种规律将给相互影响提出更明确的目标。

基本意向是发现类似于我们的理性生物或**人**。关于人的概念是一种理想的概念，因为作为理性生物的人的目的是达不到的。每一个体一般都具有其关于人的特殊理想，这些理想虽然没有内容上的差别，但毕竟有程度上的不同；每个人都会按照他自己的理想来检验他承认为人的人。每个人都凭着这个基本意向，渴望在任何别人身上找到同这个理想相同的东西；他千方百计地试验别人，观察别人，如果发觉别人**低于**这个理想，他就努力把别人提高到理想的程度。在这种智慧生物和智慧生物的斗争中，总是那种属于较高、较好的人的智慧生物取得胜利；这样通过社会就产生了**人类的完善**，同时我们也就发现了整个这样的社会的使命。如果才智较高、较好的人对才智较低的、不发达的人看来没有什么影响，那么，一部分原因是由于我们的判断迷惑了我们，因为我们往往在种子还没有来得及发芽和生长以前，就期望立刻得到果实，另一部分原因则是由于才智较好的人也许较之不发达的人处于过分悬殊的更高发展阶段；他们相互之间的共同接触点太少，他们相互之间所能发生的影响太少——这是一种非常阻碍文化发展的情况，关于怎样防止这种情况，我们到适当的时候将予以说明。但一般说来，当然总是才智较好的人取得胜利；当他看
(VI, 308) 到光明与黑暗的公开战斗时，这对人类和真理的朋友就是一种令人愉快的安慰。光明最终确实会取得胜利；我们当然不能确定胜利的时间，但是，当黑暗被迫进入公开斗争的时候，这就已经是胜利和胜利在望的保证。黑暗是喜欢昏暗的；如果黑暗不得不接触光明，这就说明它已经失败。

总之，我们迄今全部研究的结果是：人注定就是为社会的；人根据自己的使命（在上一讲阐明的）在自身所应完善的那些技能，也包括**社交技能**。

这种为一般社会的使命尽管出自人的本质中最深邃、最纯粹的地方，然而作为纯粹的意向，终究是服从于永远自相一致的最高规律或道德规律，而且必须通过后者进一步得到规定，被列为固定的规则；一旦我们发现这一规则，我们也就找到了**社会的人**的使命，而这种使命正是我们现在研究的目的，也是迄今所作的一切考察的目的。

社会意向最初是**消极地**决定于这种绝对一致的规律的，它不允许自相矛盾。这个意向的目的就是**相互作用**、**相互影响**、**相互**

取予和**相互**受授，而不是纯粹的因果性，不是纯粹的能动性，好像别人只能对这种能动性采取消极忍受的态度。这个意向的目的是发现我们之外的**自由理性**生物，与他们进行交往；这个意向的目的并不像在物体世界里那样，是为了确立**主客从属关系**，而是为了确立**平等协作关系**。人们如果不愿意让自己所寻求的自身以外的理性生物成为自由的，那就只有寄希望于自己的**理论技能**，而不是寄希望于自己的自由的实践技能；人们如果不愿意与这些理性生物交往，而是想把他们当做机灵的动物加以**驾驭**，那 (VI, 309)
就使自己的社会意向陷入了自相矛盾的境地。然而，我要说，人们为什么要使这种意向自相矛盾呢？与其如此，人们还不如根本没有这种高级意向；在此种情况下，人性在我们身上就还完全没有被培养到很高的程度；我们自己还处在半人性或受奴役的低级阶段。我们自己还没有达到成熟阶段，感觉到我们的自由和自动性，因为不然的话，我们一定会希望看到我们周围有类似于我们的，即自由的生物。在这种情况下，我们就是奴隶，并且想继续做奴隶。卢梭说，有人把自己看成是别人的主人，但他比别人还更是奴隶；卢梭似乎还可以说得更正确一些：任何把自己看做是别人的主人的人，他自己就是奴隶。即使他并非总是果真如此，他也毕竟确实具有奴隶的灵魂，并且在首次遇到奴役他的强者面前，他会卑躬屈膝。只有这样一种人才是自由的，这种人愿意使自己周围的一切都获得自由，而且通过某种影响，也真正使周围的一切都获得了自由，尽管这种影响的起因人们并不总是觉察到的。在他的眼光里，我们可以更自由地呼吸；我们丝毫不觉得自己受到压抑、阻碍和钳制；我们感到一种成所欲成、为所欲为的非

凡乐趣，而这一切并不妨碍我们对我们自身的尊重。

人可以利用非理性的东西作为达到自己目的的手段，但是却不可利用理性生物作为达到自己目的的手段；他甚至不可利用理性生物作为达到理性生物自身的目的的手段；他不可像对待无机物质或动物那样，对他们施加影响，以致不顾他们的自由，而只是利用他们去实现自己的目的[6]。他不可能使任何一个理性生物违背自己的意志，而成为有美德的、聪明的或幸福的。这种努力是徒劳无益的；除非靠自己的劳作和勤勉，谁也不可能成为有美德的、聪明的或幸福的；因此这是人所力不能及的——撇开这类事实不谈，即使他能够或以为能够这样，他甚至于连想也不应当这样去想，因为这是不合理的，他会因而陷入自相矛盾的境地。

(VI, 310) 形式完全自相一致的规律同时也从**积极的方面**决定着社会意向，这样，我们就得到了社会的人的真正使命。所有属于人类的个体都是互相有别的；只有在一点上他们完全相同，这就是他们的最终目标——完善。完善只决定于一种方式，即它完全自相等同。假使所有的人都能成为完善的，假使他们都能达到自己的最高的和最终的目标，那么他们彼此之间就会完全等同，他们就会成为唯一的统一体，成为唯一的主体。而在这时，社会中的每一个人都至少按照自己的概念，力求使别人变得更完善，力求把别人提高到他自己所具有的那种关于人的理想的程度。因此，社会的最终的、最高的目标就在于同社会的所有可能的成员完全一致和同心同德。但是，既然达到这一目标，达到一般的人的使命，是以达到绝对的完善为前提，所以，这一目标就像绝对的完善一样，也是不能达到的，就是说，只要人不停止其为人，不变为神，就是不能达到的。因此，同所有个体完全一致虽说是**最终目标**，但不是社会的人的**使命**。

但不断地接近这一目标，无限地接近这一目标，这却是人能够做得到的，而且也是人应该做到的。这种接近于同所有个体完全一致和同心同德的过程，我们可以称为联合的过程。因此，这种在热诚方面应当变得日益坚实，在规模方面应当变得日益广阔的联合过程，就是社会的人的真正使命；但因为人们只是在他们的最终使命方面做到一致和能够一致，所以，这种联合只有靠完善才能办到。因此，我们可以根据同样的理由说：共同的完善过程就是我们的社会使命，这个过程一方面是别人自由地作用于我们，造成自我完善的过程；另一方面是我们把他们作为自由生物，反作用于他们，造成别人完善的过程。

为了达到这一使命，为了日益达到这一使命，我们就需要有 (VI，311)
一种只有通过文化才能获得和提高的技能，即需要有一种双重的技能：一为**给予**的技能，即把别人作为自由生物而加以影响的技能；一为**获取**的技能，即从别人对我们的影响中获取最大益处的技能。关于这两类技能，我们将在适当的地方专门加以论述。特别是，在第一种技能水平已经很高的情况下，大家也必须努力为自己保持后一种技能；不然的话，大家就会停顿不前，向后倒退。很少有人完善到这样的程度，以致他起码能在某个也许不重要或容易被忽略的方面，几乎不依靠任何别人而得到提高。

各位先生，除了这种全人类对自身的普遍影响，这种永不止息的生命和努力，这种在给予和获取上的热烈竞赛——人所能享有的最高尚的东西，这种以自由为总发条的无数齿轮的相互普遍衔接以及由此而产生的美妙和谐，除了这些思想以外，我很少知道还有更为崇高的思想。任何人都可以这样说，不管你是谁，只要你具有人的面貌，你毕竟是这一伟大共同体的一员；不管影响是经过怎样不可胜数的成员传播的，我终究还是由此影响着你，而你也终究由此影响着我；只要谁的面额上带有理性印记，不管它印得怎样粗糙，他对于我来说就不是徒劳无益地存在的。但是我不认识你，你也不认识我。呵！我们确实有真正为善和日益变好的共同呼声，并且将来总有一天确实会到来那么一个时刻——不管再过几百万年，时间算得了什么！——到那时我将把你吸引到我的活动范围里来，到那时我会为你谋幸福，也能从你那里得到幸福，到那时那种相互自由给予和自由获取的绝佳纽带也会把我的心同你的心联结在一起。

第三讲　论社会各阶层的差别 （VI，312）

自在的人的使命和**社会的**人的使命已如上述。学者之为学者，只以社会上如何看待他为度。因此，我们现在可以转而研究：特殊地说，社会的学者的使命是什么？但是，学者不仅是社会的一个成员，他同时又是一个特殊社会阶层的成员。人们至少谈到有一个学者阶层；这种说法是否合理，在适当的时候将会一目了然。

因此，我们关于学者的使命的主要研究，除了要先探讨上述两个已经讲完的问题外，还必须先探讨第三个重要的问题：人类各阶层的差别究竟是从何而来的？或者，人类的不平等是从何产生的？

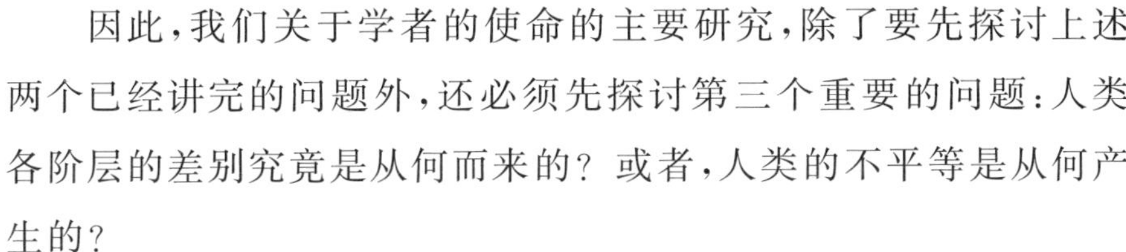

甚至在没有进行上述研究的时候，我们就听说过**阶层**这个词[7]，人们说它可能不是指某种偶然地、不受我们的影响而产生的东西，而是可能指按照目的概念，通过自由选择而确立和构成的东西。偶然地、不受我们的影响而产生的不平等，即**体力的不平等**，可以归因于天赋；**各阶层的不平等**则好像是道德的不平等；因此，关于这种不平等就十分自然地产生了一个问题：各个不同的阶层是根据什么理由存在的？

常常有人试图回答这个问题；他们从经验的基本原理出发，狂热地列举出一些通过这样一种差别可以达到的目的，列举出一 （VI，313）

些通过这样一种差别可以获得的好处，好像他们完全理解这些目的或好处；但这样一来，这个问题可以这样回答，任何别的问题就更可以这样回答。某种设施对于这个或那个阶层的**好处**并不能证明这种设施的**合法性**；这根本不是人们用这种设施可能抱有过什么目的的历史问题，而是是否容许建立这样一种设施的道德问题，不管这种设施的目的往往是什么。这个问题应当根据纯粹的，也就是实践的理性原理来回答，而据我所知，还从来没有人作出这样的回答，甚至根本没有人试图这样去解答这个问题。在回答这个问题之前，我应当先讲明若干从知识学得出的普遍原理。

一切理性规律都是在我们精神的本质中确立起来的；但是，理性规律只有通过一种可以运用它们的经验，才到达经验意识，运用这些规律的机会越多，它们同这种意识的结合也就越紧密。**一切**理性规律都是如此；实践规律尤其是如此。这种实践规律不是以一种纯粹**判断**，如理论判断为目的，而是以我们之外的效用为目的，并以**意向**的形态把自己宣示给意识。一切意向的基础都存在于我们的本质之中，但也不过是基础而已。每个意向如果要到达意识，就必须由经验**唤起**；它如果要成为一种嗜好，而它的满足又要成为一种需求，那就是由频繁的同类经验**发展**起来的。但是经验不取决于我们自己，因此，我们的意向的唤起和发展一般也不取决于我们自己。

作为经验基础的独立不倚的非我或**自然界**是多种多样的；自然界没有一个部分完全等同于另一部分，这个原理在康德哲学中也已经得到肯定，而且能够在康德哲学中得到严格的证明；由此

(VI, 314) 可知，自然界也以非常不同的方式作用于人的精神，无论在什么

地方它都不以同样的方式来发展人的精神的才能和天资。自然界的这种不同的活动方式，决定着各个个体，决定着人们称之为他们特殊的、经验的个体的本质的那种东西；从这个方面我们也可以说：没有一个个体在他的已经唤起和发展的才能方面是完全等同于另一个体的。由此就产生了体力的不平等，这种不平等我们过去不仅丝毫没有加以促进，而且也不能借助我们的自由加以消灭；因为在我们能借助自由去对抗自然界给予我们的影响以前，我们首先必须到达意识和对这种自由的运用；我们要达到这种地步，则只有借助于我们意向的唤起和发展，而这种意向的唤起和发展并不取决于我们自己。

但是，人类和一切理性生物的最高规律，即完全自相一致，绝对同一的规律，既然由于运用于自然界而成为实证的和物质的规律，就要求个体的一切天资都得到同等的发展，一切才能都得到尽可能完善的表现——这一要求的目标不能靠纯粹的规律来实现，因为如上所述，实现这一要求既不取决于纯粹的规律，也不取决于可以理所当然地由这一规律所决定的我们的意志，而是取决于自然界的自由作用。

如果把这个规律引用到社会上，如果设想存在着许多理性生物，那么，在每个理性生物的一切天资都应当得到同等的发展的要求里，就同时包含着这样的要求：所有各种理性生物彼此之间也应当得到同等的发展。如果所有理性生物的天资本身就像实际上存在的那样，都是相同的——因为它们都仅仅基于纯粹理性，所以它们在一切理性生物中都应当得到同样的发展，而这是上述要求的内容——那么，同样的天资同样发展的结果就应该处（VI，315）

处都自相等同；在这里，我们又以另一方式回到了上一讲所规定的一切社会的最终目的：**一切社会成员都完全平等**。

纯粹的规律，如在上一讲中已经以另一种方式表明的那样，既难于实现给这一要求奠定基础的上述要求的目标，同样也难于实现这一要求的目标。但是，意志自由**应当**而且**能够**力求日益接近于那个目标。

这里就表现出趋于同一目标的社会意向的效能，而且这种社会意向成了所要求的那种无限接近的手段。社会意向，或者，我们自己与其他这样的自由理性生物发生相互作用的意向，在自身包括以下两个意向：首先是**传授文化的意向**，即用**我们**受到良好教育的方面来教育某个人的意向，尽可能使任何别人同我们自己、同我们之内更好的自我拉平的意向；其次是**接受文化的意向**，即从每个人身上用他受到良好教育，而我们却很欠缺修养的方面来教育我们自己的意向。这样，通过理性和自由就可以纠正自然界造成的错误；自然界给予个体的片面发展成为整个类族的所有物；反之，整个类族又给予个体以它所具有的东西；如果我们设想在一定自然条件下一切可能的个体都是存在的，那么整个类族给予个体的便是在这种条件下一切可能的发展。自然界只是片面地发展每个个体，但它也毕竟在它与理性生物相接触的一切点上发展了个体。理性把这些点联结起来，给自然界呈现出一种牢固联结和得到延伸的方面，迫使自然界至少使类族在其所有各种天
(VI, 316) 资方面得到展，因为自然界也不愿意这样片面地发展个体。对于把业已获得的发展在各个社会成员之间进行平均分配，**理性**已经借助于那种意向表示过关切，而且将继续表示关切，因为自然界

是做不到这一点的。

理性关切的是，每个个体**间接地从社会手中**得到完全的、充分的发展，而这种发展是不能**直接**从自然界获得的。社会把所有个人的利益集中起来，作为可供人人自由利用的公益，并由此按照个体的人数使这些利益增多；社会把个人的缺点都共同担当起来，并由此使这类缺点缩小到无限小的数目。或者，我用另一种比较便于运用到某些对象上的公式来表达：任何发展技能的目的，都在于使自然界像我刚才明确表达的那样，服从于理性，使经验在其不取决于我们的表象能力的规律的限度内，同我们对于经验的必然的实践概念协调起来。由此可见，理性同自然界处于持续不断的斗争之中；如果我们不变成神，这种斗争就永远不会完结；不过，自然界的影响应当而且可以变得越来越弱，而理性的统治则应当而且可以变得越来越强；后者应当对前者取得一个又一个的胜利。现在单个个体也许在自己的特殊接触点上能够成功地战胜自然界，但在其他一切接触点上也许还难免受自然界的奴役。现在社会联合起来了，所有人都一致行动；原来个人所不能做到的，大家同心合力就可以做到。虽然每个人都各自为战，但是，依靠共同的斗争削弱了自然界的威力，每个人在自己的岗位上取得的胜利，都对大家有利。这样，就恰好由于各个个体在体力上的不平等，而产生了一种把所有的人联合为一体的新的坚实纽带；需求的冲动以及满足需求的更美好的冲动，把他们更紧密地相互联结在一起。当自然界希望削弱理性的威力的时候，实际 (VI, 317)
上它却加强了理性的威力。

到目前为止，一切事物都处在它们的自然进程中：我们有了

各种极其不同的**人物**，他们按其种类和发展程度来说是多种多样的；但是，我们还没有各种不同的**阶层**，因为我们还**不**能指出通过**自由活动所得到的任何特殊使命**，还不能指出对一种特殊发展的任何随意选择。我曾说过，我们还不能指出通过自由活动所得到的任何特殊使命，人们却能正确地、全面地理解这个使命。社会意向一般说来当然涉及自由；社会意向只能起促进作用，但不能起强迫作用。人们可以抵抗和压制社会意向。有人可以从仇视人类的利己主义出发，完全使自己离群索居，拒绝从社会接受某种东西，以便不给社会承担任何义务；有人可以从粗野的兽性出发，忘却社会的自由，把自由看成某种由我们随心所欲、任意摆布的东西，因为他们把自己也无非看做受自然界的任意性支配的。但在这里我说的不是这种事情。假如人们一般都服从于社会意向，那就有必要在社会意向的指导下，把你所具有的好东西传授给需要这种东西的人，同时从别人那里接受我们所缺乏的东西；要做到这一点，并不需要通过新的自由行动去获得任何特殊使命或改变社会意向；我想说的也只是这一点。

突出的差别在于：**在迄今已经得到发展的条件下**，我作为个体只能受命于片面发展我自身的某种特别天资的自然界，**因为我是被迫的**；在这方面我无从选择，而不得不遵从自然界的指导；我所得到的一切东西，都是自然界给予我的，我并不能得到自然界不想给予我的东西；我没有放过任何一个机会，以便就我所能，多方面地发展自己；我完全没有创造这种机会，因为我不能创造。
(VI, 318) **相反**，如果**我选定**一个阶层——倘若一个阶层就像按词义所理解的那样，应是某种自由任意选择的东西——如果我选定一个阶层，那么，为了能够进行选择，我当然不得不预先听命于自然界——因为这种选择必定已经唤醒我内心的各种意向，把我内在的各种天赋提高为意识；但是到真正选择时，我却决意从这时起完全不考虑自然界可能给予我的某些机缘，以便把自然界给予我的全部力量和全部恩惠都仅仅用来发展唯一的或许多的特定技能，而我的阶层是由特别的技能决定的，我通过自由选择，自愿献身于这种技能的发展。

在这里产生了这样一个问题：我该选择一个特定的阶层吗？或者说，要是我不该选择，那么，我敢唯独献身于一个特定的阶层，即献身于一种片面的发展吗？要是我该选择，而且有绝对的义务，选择一个特定的阶层，那么，一种以选择阶层为宗旨的意向就必然可以从最高理性规律推演出来，就像一般在社会方面可以推演出这样一种意向一样；如果我仅仅敢献身于一个特定的阶层，那么，从这个最高理性规律就不能推演出这类意向，而只能推演出一种许可；为了把意志规定为真正地选择仅仅由规律所许可的东西，就应当指出一种经验材料，这种材料不决定任何规律，而只是决定明智的规则。这方面的情形怎样，经过研究即可以弄清。

这个规律说：要竭尽你的所能，完整地、均衡地发展你的一切天资；但是，它丝毫也没有规定：我是应该直接在自然界中培育天资，还是间接地通过同别人交际来培育天资。因此，在这方面的选择就全靠我自己的明智来决定了。这个规律说：你要让自然界服从于你的目的；但它没有说：即使我发现自然界为我的某些目的也已经受到别人的充分开发，我也应当为人类的一切可能目的 (VI, 319)

而进一步开发自然界。因此，这个规律并不禁止选择一个特殊的阶层；但正是因为它不禁止这样做，所以它也不要求这样做。我处于自由任性的领域；我敢选择一个阶层，并且在作出决定时，我必须为我寻找一些直接从这个规律中推演出来的、完全不同的使命根据；这种决定在于我一般是否应该选择一个阶层，而不在于我是否应该选择这一或那一特定阶层——关于后一问题，我们将另作论述。

在现今条件下，人出生在社会里；他再也看不到自然界是未开发的，而是已经以各种各样的方式，为实现他的可能目的作好了准备。他看到的是在各个部门从事工作的人群，他们正从他们的一切方面开发自然界，供理性生物使用。他看到的是许多本来应该由他自己做的事情已经做成。他对自然界一般不必直接使用自己的力气，也许就可以享有非常愉快的生活，他单纯享用社会已经做出的，并且特别有助于他本身发展的成果，也许就可以达到一定的完善程度。但这是他所不敢做的；他至少应当力求对社会尽自己的职责；他应当坚守自己的岗位；他至少应当努力用某种方式，把那个已经为他做出很多贡献的类族的完善程度，提到更高的水平。

要做到这一点，他有两种途径：或则，他给自己提出从一切方面开发自然界的任务；但要这样做，哪怕是了解在他之前别人已经做过的事情和剩下来还要做的事情，他也许就得用掉自己的整个生命或几辈子生命——假如他会有几辈子生命；这样，他的生命就会为人类而丧失殆尽，虽然不是由于他的恶意造成的罪过，
(VI，320) 而是由于他的不明智造成的罪过。或则，他专攻某个特殊专业，

专攻一门他早先就进行了充分研究的专业；为了研究这个专业，他可能预先就通过自然界和社会得到了最多的训练，他全力以赴、专心致志地研究这个专业。他把他自己那种发展其余天资的文化任务转交给社会，他的意图、他的意向、他的愿望则是在他所选定的专业内提高社会的文化；这样，他就给自己选择了一个阶层，而且这种选择本身完全是正当的。然而这类自由行动，也像一切行动一样，一般是服从于道德规律的，因为道德规律是我们行为的调节者，或者说，这个自由行动服从于一项绝对命令，我把这项命令表达为：你切不可在你的意志规定的目标中陷入自相矛盾；用这种公式表达的规律任何人都可以遵循，因为我们的意志的规定根本不取决于自然界，而完全取决于我们自己。

阶层的选择是以自由为手段的选择；因此，没有一个人可以被迫参加某个阶层或被开除出某个阶层。以这种强制为目的的任何个人行动和共同设施都是不正当的，更不用说强迫一个人参加这个阶层或阻止一个人参加那个阶层是不明智的了，因为谁也不可能完全了解别人的特别才干，一个社会成员往往由于安排不当而在社会上销声匿迹。这一点自不必说，这种事情本身就不公正，因为这会使我们的行动同我们对于行动的实践概念陷于矛盾。我们希望成为社会的**成员**，但我们却做了社会的**工具**；我们希望成为我们的宏伟计划的**自由合作者**，但我们却做了这项计划的**被迫的、受苦的工具**；我们正在我们力所能及的范围内以我们的设施扼杀这项计划中的人，同时也使我们在人和社会面前造孽。

为了能够向社会报答社会为我们所做的事情，可以选定一个（VI，321）
特定的阶层，使一定的才干得以进一步发展；所以每个人都必须真正运用自己的文化来造福社会。谁也没有权利单纯为自己过得舒适而工作，没有权利与自己的同胞隔绝，没有权利使自己的文化于他们无益；因为他正是靠社会的工作才能使自己获得文化，从一定的意义上说，文化是社会的产物、社会的所有物；如果他不愿由此给社会带来利益，他就是从社会攫取了社会的所有物。每个人都有这样一种义务：不仅要一般地希望有益于社会，而且要凭自己的良知，把自己的全部努力都倾注于社会的最终目标，那就是使人类日益高尚起来，使人类日益摆脱自然界的强制，日益独立和主动，这样，就终于通过这种新的不平等产生一种新的平等，即所有个体获得一种均等的文化发展。

我并不是说，我刚才所描述的情况总是如此；但是，按照我们关于社会和社会各阶层的实践概念，它应当这样，我们能够而且应该为造成这样的情况而工作。特别是，学者阶层为了达到这个目的能够发挥何等有力的作用，学者阶层掌握着多少达到这个目的的手段，这到适当的时候我们是会看清楚的。

如果我们抛开一切与我们自己有关的东西来考察业已阐明的观念，我们终究会看到至少在我们之外有一种结合，在这种结合中，谁也不能不为其他所有人工作，而只为自己工作，或者说，谁也不能只为别人工作，而同时不为自己工作，因为一个成员的成就就是所有成员的成就，一个成员的损失就是所有成员的损失；这种景象通过我们在复杂纷纭的现象中发现的和谐，就会给我们带来由衷的喜悦，使我们的精神大为振奋。

(VI, 322) 如果我们看一看自己，而且把自己看做这个巨大的、亲密的结合中的一员，我们就会兴致勃勃。我们之中每一个人都能对自己说:我的生活没有虚度,不是漫无目的;我是那伟大链条中的一个必要环节,这个链条从第一个人的发展开始,到达对他的现实存在的充分意识,以致最后进入永恒状态;所有历来伟大、英明和高尚的人们,那些在世界史记述中我看到其名字的人类恩人,那许许多多留下了功绩而没有留下名字的人们,他们都为我工作过,我享受着他们的劳动成果,我在他们居住过的大地上,踏着他们传播天福的足迹,迈步向前——当我们对自己这样说时,就会提高对我们的尊严和我们的力量的感受。只要我愿意,我就能担负起他们曾经给自己提出的崇高任务,使我们的同类兄弟变得日益聪明,日益幸福;我能在他们不得不中断的地方继续进行建设;我能使他们没来得及完成的那座辉煌壮丽的庙堂庶几臻于完善。

“但是我,也像他们那样,将不得不停止下来”——有人也许会这样自言自语。啊!请看下面这个最崇高的思想吧:要是我接受了这一崇高任务,我将永远不会完成;因此,就像接受这个任务确实是我的使命一样,我确实永远不会停止**行动**,因而也永远不会停止**存在**。所谓的死亡,并不能毁灭我的创作,因为我的创作应该加以完成;但创作无论到什么时候都不可能完成,因此也没有给我的生存规定什么时间,我是永恒的。由于接受了那个伟大的任务,我同时也就在自身赢得了永生。面对威严的峭壁丛山和汹涌瀑布,眼观猛烈翻腾的火海风云,我昂首挺胸,无所畏惧,我说:我永生不死,我藐视你们的威力!来吧,你们都冲击我来吧!你,大地,你,苍天,任你们混成一团,放肆胡闹!你们,自然界的暴力,任你们奔腾怒吼,疯狂争斗,把物体——我称之为我的身 (VI, 323)
体——的最后一粒太阳尘埃都彻底毁掉!但唯独我的意志与其

坚定的计划一起会英勇地、冷静地飘扬在宇宙废墟之上；因为我领受了我的使命，这使命比你们更加持久；它是永恒的，我和它一样，也是永恒的。

第四讲　论学者的使命

今天，我该谈谈学者的使命了。

说到这一题目，我处于一种特别的地位。诸位先生，你们全部，或者你们之中的大部分，都已经选择了科学为你们生活的职业，而我也是如此；你们为了能够被体面地视为学者阶层，想必都竭尽了你们的全部力量，而我过去就是这样做的，现在也还是这样做。我作为一个学者应该同初当学者的人们谈谈学者的使命。我应当深入地研究这个题目，并且尽我的所能去解决它；我应当毫无差错地阐述真理。当我发现这个阶层的使命很可敬，很崇高，并且在一切其他阶层面前显得很突出时，我能不违反谦虚精神，不贬低其他阶层，不给人以自命不凡的强烈印象，而规定这一使命吗？但我是作为哲学家讲话的，而哲学家有义务严格规定每一个概念。在哲学体系里恰好涉及学者的使命这个概念，我能表示反对吗？我绝不会违背已知的真理。已知的真理永远是真理，谦虚也属于真理，如果违反了真理，谦虚就成了一种假谦虚。首先，你们要冷静地研究我们的题目，好像它同我们毫无关系一样，(VI, 324) 把它当做一个来自我们完全陌生的世界里的概念来研究。你们要把我们的证明弄得更精确些。你们不要忘记，我想在适当的时机以同样大的力气阐明的事实是：每个阶层都是必不可少的；每

个阶层都值得我们尊敬；给予个人以荣誉的不是阶层本身，而是很好地坚守阶层的岗位；每个阶层只有忠于职守，完满地完成了自己的使命，才受到更大的尊敬；正因为如此，学者有理由成为最谦虚的人，因为摆在他们面前的目标往往是遥远的，因为他应该达到一个很崇高的理想境界，而这种理想境界他通常仅仅是经过一条漫长的道路逐渐接近的。

“人具有各种意向和天资，而每个人的使命就是尽可能地发挥自己的一切天资。尤其是人有向往社会的意向，社会使人得到新的、特别的教养，得到为社会服务的教养，使他得以非常轻易地受到教养。在这件事情上，绝不能预先给人作出规定，规定他应当完全直接在自然状态中发展自己的全部天资，或是间接通过社会发展这种天资。前一种规定是困难的，而且不能促使社会进步；因此，每一个个体都有权在社会中给自己选择一定的普遍发展的部门，而把其他部门留给社会的其他成员，并指望他们能使**他**分享**他们的**教养的优点，同样，他也能使**他们**分享**他自己的**教养。这就是社会各阶层互相区别的起源和法律根据。”

这就是我迄今所作的几次讲演的结论。全面衡量人的全部天资和需求（不是他单纯人为地想出来的需求）是按照完全可能(VI, 325)的纯粹理性概念划分各个不同阶层的基础。对于培育任何天资，或者说，对于满足人天生的、基于人的本能的任何需求，一个特殊的阶层是可以作出贡献的。这个问题我们暂且放到以后去研究，以便现在先来研究我们最感兴趣的问题。

如果有人提出，按照上述原则建立起来的社会是否完善的问题——任何社会都是没有任何领导而借助于人的自然意向建立起来的，都是像我们在研究社会起源时所看到的那样，完全自发地建立起来的——我说，如果有人提出这个问题，那么，在回答它之前必须先研究下列问题：在一个现实的社会里，一切需求的发展和满足，也就是一切需求的同等发展和满足是否有保障？如果有保障，那这个社会作为社会就是完善的；这并不意味着这个社会已经达到了自己的目标——按照我们的上述考察，这是不可能达到的——而是意味着它也许是这样建立起来的：它必定越来越接近于自己的目标。如果这是没有保障的，那么，这个社会虽然可以侥幸沿着文明道路前进，但这是靠不住的，因为它同样也可以由于不幸而倒退回去。

若要担保人的全部天资得到同等的发展，首先就要有关于人的全部天资的知识，要有关于人的全部意向和需求的科学，要对人的整个本质有一个全面的估量。但这种对于整个人的完整的知识，本身就建立在一种应当发展的天资的基础上，因为人总是有求知的意向，特别是有一种认识他所极需做的事情的意向。但发展这个天资需要人的全部时间和全部力量；如果说有那么一种 (VI, 326) 共同的需求，迫切需要一个特别的阶层予以满足，那么这个需求就正是需要人的全部时间和全部力量的那个需求。

但是，只有关于人的天资和需求的知识，而没有关于发展和满足这种天资和需求的科学，这不仅会成为一种极其可悲的和令人沮丧的知识，而且同时也会成为一种空洞的和毫无裨益的知识。谁向我指出我的缺陷，而不同时指出我怎样补救我的缺陷的手段，谁就是对我非常不友好；这种人引起了我的需求感，但没有使我能够满足这些需求。他似乎宁愿把我置于像动物那样的无知状态！简短地说，那种知识不会成为社会所要求的知识，而且为了那种知识，社会应当有一个占有这种知识的特殊阶层，因为那种知识并不以类族的完善为目标，并不借助于这种完善以达到其应有的统一的目标。所以，那种需求的知识应当同时与**手段**的知识统一起来，**只有凭借这些手段需求才能得以满足**；而这种知识理所当然属于同一个阶层，因为一种知识缺了另一种知识就不可能成为完全的，更不可能成为有用的和生动的。头一种知识是根据纯粹理性原则提出的，因而是**哲学的**；第二种知识部分地是建立在经验基础上的，因而是**历史哲学的**（不仅仅是历史的，因为我应当把那种只能从哲学上认识的目的同经验中给予的客体联系起来，以便有可能把后者视为达到前者的手段）。这种知识应当有益于社会；因此，事情不仅在于一般地知道人本身有哪些天资，人借助于何种手段可以发展这些天资；这样一种知识可能依

(VI, 327) 然完全徒劳无益。这种知识还应当再前进一步，以便真正提供预期的益处。大家必须知道，我们所处的社会在一定的时代处于哪个特定的文化发展阶段，这个社会从这一阶段可以上升到哪个特定阶段，社会为此应当使用哪种手段。现在，我们诚然能够以一般的经验为前提，在任何特定经验出现以前，从理性根据中推知人类发展的进程，能够大致指明人类要达到一定的发展水平，应当经历哪些个别阶段；但是，光凭一种理性根据，我们无论如何也不能指出人类在一定时代中实际所处的阶段。为此，我们必须询问经验，必须用哲学眼光去研究过去时代的各种事件，必须把自己的目光转到自己周围发生的事情上，同时观察自己的同时代人。因此，社会所必要的这后一部分知识就是纯粹**历史的**。

上述三种知识结合起来——它们若不结合起来，就无济于事——构成了我们所谓的学问，或者至少应当称为某种专门的学问；谁献身于获得这些知识，谁就叫做学者。

并非每个人都应当在这三种知识方面掌握全部人类知识；这大多是不可能的，正因为不可能，如果非要这样做，就会一事无成，就会浪费一个社会成员的一生——这或许对于社会有益——而对他自己毫无所获。各人可以为自己划出上述方面的个别部分，但每个人都应该按照以下三方面研究自己的部分，即哲学方面、历史哲学方面以及单纯历史方面。我今天只是粗略地提示一下我在另一个时候还要进一步阐述的思想，以便在目前至少可以 (VI, 328)
用我的论证来使人相信，研究一门精深的哲学，只要这门哲学是精深的，就绝不会使获得经验知识成为多余，相反，这门哲学可以令人信服地证明经验知识是不可缺少的。获得所有这些知识的目的已如上述，即借助于这些知识，保障人类的全部天资得到同等的、持续而又进步的发展。由此，就产生了学者阶层的真正使命：**高度注视人类一般的实际发展进程，并经常促进这种发展进程**。各位先生，我正在克制自己，以便暂时不让我的感觉专注于当前提出的崇高思想。冷静地进行研究的道路还没有完结。但我还是应当顺便指出那些想阻挡科学自由发展的人真会干得出来的事情。我说“会干得出来”，是因为我怎么能知道究竟有没有这一类人物呢？人类的整个发展直接取决于科学的发展。谁阻碍科学的发展，谁就阻碍了人类的发展。而谁阻挡了人类发展呢？他会以怎样的形象出现在自己的时代和后代面前呢？他用一种比上千人的声音还高的调门，用行动，向他的世界和后代震耳欲聋地呼吁：至少在我还活着的时候，我周围的人们不应当变得更聪明和更优秀，因为在他们粗暴的发展进程中，不管我怎么抵抗，至少还是会被拖着往前发展，而这正是我所痛恨的；我不愿变得更文明，我不愿变得更高尚；黑暗与撒谎是我天生的爱好，我愿使尽最后力量，不使自己放弃这个爱好。人类可以放弃一切；在不触动人类的真正尊严的情况下，可以剥夺人类的一切，只是无法剥夺人类完善的可能性。这些人类的敌人阴险地，比圣经给
(VI, 329) 我们描写的那种敌视人类的东西还狡猾地思考着，盘算着，在最神圣的深处搜寻着他们向人类进攻的突破口，以便把人类毁灭在萌芽之中；这个地方他们终于找到了。——人类情不自愿地厌恶自己的形象。——现在我们还是回到我们的研究上来吧。

科学本身就是人类发展的一个分支；如果人类的全部天资应当获得进一步发展，科学的每一分支也应当进一步得到发展。因此，每一个学者，以及每一个选择了特殊阶层的人，都本能地要求进一步发展科学，特别是发展他们所选定的那部分科学。这种愿望是学者本来就有的，也是每一个从事专业的人所具有的，但学者的这种愿望要大得多。他应当用心观察其他阶层取得的进步，推动其他阶层进步，他本身难道就不想进步吗？他的进步决定着人类发展的一切其他领域的进步；他应该永远走在其他领域的前头，以便为他们开辟道路，研究这条道路，引导他们沿着这条道路前进；难道他就甘心落后吗？如果落后，他就从此不再是他所应当成为的人了；因为他不可能是别的什么人，所以他就会什么都不是了。我不是说每个学者都应当使自己的学科**真的有所进展**；要是他做不到这一点呢？我是说，他应当**尽力而为**，发展他的学

科；他不应当休息，在他未能使自己的学科有所进展以前，他不应当认为他已经完成了自己的职责。只要他活着，他就能够不断地推动学科前进；要是在他达到自己的目的之前，他遇到了死亡，那他就算对这个现象世界解脱了自己的职责，这时，他的严肃的愿望才算是完成了。如果下列规则对所有人都有意义，那么它对学者来说就更具有特殊的意义，这个规则就是：学者要忘记他刚刚做了什么，要经常想到他还应当做些什么。谁要是不能随着他所走过的每一步而开阔他的活动的视野，谁就止步不前了。

学者的使命主要是为社会服务，因为他是学者，所以他比任（VI，330）何一个阶层都更能真正通过社会而存在，为社会而存在。因此，学者特别担负着这样一个职责：优先地、充分地发展他本身的社会才能、**敏感性**和**传授技能**。如果学者已经理所当然地获得了必要的经验知识，那他就会具有特别发达的敏感性。他应当熟悉他自己的学科中那些在他之先已经有的知识。要学到这方面的知识，他只能通过传授——不管是口头传授，还是书面传授；但只凭纯粹理性根据去思考，他就不可能发展这些知识。他应当不断研究新东西，从而保持这种敏感性，并且要尽力防止那种对别人的意见和叙述方法完全闭塞的倾向，这种倾向是经常出现的，有时还出现在卓越的独立思想家那里。之所以要尽力防止这种倾向，是因为谁也不会有这样高的学问，以致他总是不需要再学习新东西，不需要有时研究某种非常必要的东西；而且也很少有人会这样无知，以致他不能向学者传授一点后者所不知道的东西。传授技能总是学者所必需具备的，因为他掌握知识不是为了自己，而是为了社会。从少年时代起他就应当训练这种技能，总是保持这

种技能的作用。至于用什么手段，我们到适当时候再研究。

学者现在应当把自己为社会而获得的知识，真正用于造福社会。他应当使人们具有一种真正需求的感觉，并向他们介绍满足这些需求的手段。但这并不意味着，为了探求某种确实可靠的东西，他应当同他们一起，去做他必须亲自进行的深入研究。要是这样的话，他就该把所有的人都造就成像他自己可能成为的那种伟大学者了。但这是不可能的，也是不适当的。别的领域也必须(VI，331)加以研究；为此，还存在着一些别的阶层；如果这些人也应当把自己的时间献给学术研究，那么学者也就很快不成其为学者了。学者究竟怎样才能够和应当怎样传播自己的知识呢？不相信别人的诚实和才能，社会就不能存在，因而这种信任深深地铭刻在我们心里；单凭自然界赐予的特别恩惠，我们具有的信任永远不会到达我们最迫切需要别人的诚实和才能时所能达到的那种程度。当学者获得他应有的信任时，他才能指望这种对其诚实和才能的信任。此外，所有的人都有真理感，当然，仅仅有真理感还不够，它还必须予以阐明、检验和澄清，而这正是学者的任务。对于非学者来说，给他指明他所必需的一切真理，这是不够的；但是，如果这个真理感不是伪造的——这种情况恰恰是经常由那些自命为学者的人造成的——那么，经过别人指点，他承认真理，即使没有深刻的根据，也往往就够了。学者同样也可以指望这种真理感。因此，就我们迄今所阐明的学者概念来说，就学者的使命来说，学者就是人类的教师。

但是，他不仅必须使人们一般地了解他们的需求以及满足这些需求的手段，他尤其应当随时随地向他们指明在当前这个特定

条件下出现的需求以及达到面临的目标的特定手段。他不仅看到眼前，同时也看到将来；他不仅看到当前的立脚点，也看到人类现在就应当向哪里前进，如果人类想坚持自己的最终目标而不偏离或后退的话。他不能要求人类刚刚瞥见那个目标，就一下子走 (VI，332)
到这个目标跟前；人类不能跳越过自己的道路。学者仅仅应当关心人类不要停顿和倒退。从这个意义上说，学者就是人类的**教养员**。在这里，我要明确指出，学者在这个事情上也和在他的所有事情上一样，是受道德规律支配的，这一规律显示着自相一致。学者影响着社会，而社会是基于自由概念的；社会及其每个成员都是自由的；学者只能用道德手段影响社会。学者不会受到诱惑，用**强制手段**、用体力去迫使人们接受他的信念；对这种愚蠢行径，在我们这个时代已不屑一提；但是，他也不应当把他们**引入迷途**。何况他这样做对自己也是一种过失，无论怎样人的职责应当高于学者的职责；因此，这样做对社会同样也是一种过错。社会的每一个体都应当根据自由选择，根据**他认为最充足的**信念去行动；他在自己的每一个行动中都应当把自己当做目标，也应当被社会的每个成员看做这样的目标。谁受到欺骗，谁就是被当做单纯的手段。

提高整个人类道德风尚是每一个人的最终目标，不仅是整个社会的最终目标，而且也是学者在社会中全部工作的最终目标。学者的职责就是永远树立这个最终目标，当他在社会上做一切事情时都要首先想到这个目标。但是，谁不是善良的人，谁就无法顺利地致力于提高人类道德风尚的工作。我们不仅要用言教，我们也要用身教，身教的说服力大得多；任何生活在社会中的人得以有好榜样，都

(VI,333) 要归功于社会,因为榜样的力量是靠我们的社会生活产生的。学者在一切文化方面都应当比其他阶层走在前面,他要做到这一点,必须花多少倍的力量啊!如果他在关系到全部文化的首要的和最高的方面落后了,他怎么能成为他终归应当成为的那种榜样呢?他又怎么能想象别人都在追随他的学说,而他却在别人眼前以自己生活中的每个行为同他的学说背道而驰呢?(基督教创始人对他的门徒的嘱咐实际上也完全适用于学者:你们都是最优秀的分子;如果最优秀的分子丧失了自己的力量,那又用什么去感召呢?如果出类拔萃的人都腐化了,那还到哪里去寻找道德善良呢?)所以,学者从这最后方面看,应当成为他的时代道德最好的人,他应当代表他的时代可能达到的道德发展的最高水平。

各位先生,这是我们共同的使命,这是我们共同的命运。幸运的是,学者还由于自己的特殊使命,必然要做人们作为人,为了自己共同的使命而应该做的那些事情——不是把自己的时间和精力花在别的事情上,而是花在人们过去必须珍惜时间和精力去做的事情上,把对于别人来说是一种工作之余的愉快休息当做工作、事情,当做自己生活里唯一的日常劳动来做。这是一种使人身体健康和心灵高尚的思想,你们之中每个不辜负自己使命的人都会具备这种思想。我的本分就是把我这个时代和后代的教化工作担当起来:从我的工作中产生出未来各代人的道路,产生出各民族的世界史。这些民族将来还会变化。我的使命就是论证真理;我的生命和我的命运都微不足道;但我的生命的影响却无限伟大。我是真理的献身者;我为它服务;我必须为它承做一切,敢说敢做,忍受痛苦。要是我为真理而受到迫害,遭到仇视,要是

我为真理而死于职守，我这样做又有什么特别的呢？我所做的不是我完全应当做的吗？ (VI, 334)

各位先生，我知道我刚才说得太多了；我也很明白，一个丧魂落魄、没有神经的时代受不了这种感情和感情的这种表现；它以犹豫忐忑、表示羞愧的喊声，把它自己所不能攀登的一切称为狂想，它带着恐惧的心情，使自己的视线避开一幅只能看到自己麻木不仁和卑陋可耻的画面，一切强有力的和高尚的东西对它产生的影响，就像对完全瘫痪的人的任何触动一样，无动于衷。这一切我都知道，但我也知道我现在在什么地方说话。我对青年人说，他们的年纪已经使他们能防备这种完全的麻木不仁，而我想同时以一种大丈夫的道德学说向他们的灵魂深处灌输一种感情，这种感情直到将来也能使他们防止这种麻木不仁。我完全坦率地承认，我正是要从天意安排我去的这个地方开始，做出某种贡献，在讲德语的地方，向一切方面传播一种大丈夫的思想方式，一种对崇高和尊严的强烈感受，一种不怕任何艰险而去完成自己的使命的火般热忱，而且只要我能够，我就继续这样做下去。因此，当你们离开这个地方，分散到各地去的时候，不管你们生活在什么地方，我都总有一天会听说你们是大丈夫，这些大丈夫选中的意中人就是真理；他们至死忠于真理；即使全世界都抛弃她，他们也一定采纳她；如果有人诽谤她、污蔑她，他们也定会公开保护她；为了她，他们将愉快地忍受大人物狡猾地隐藏起来的仇恨、愚蠢人发出的无谓微笑和短见人耸肩表示怜悯的举动。过去，我抱着这个目的说了我已经说的话，将来我还要抱着这个最终目的说我将在你们当中要说的一切。

(VI, 335) # 第五讲　试论卢梭关于艺术与科学影响人类幸福的主张

为了揭示真理而驳斥相反的谬误，并无多大好处。一俟真理通过正确的推论，从它固有的基本原理中推导出来，一切违反真理的东西即使不加以明确反驳，也必定是错误的。如果为了获得一定了解，而鸟瞰全部必经之路，那么也很容易发觉哪些是偏离这条道路陷入谬见的歧途，并且很容易向每个迷路者十分肯定地指出他由以误入迷途的出发点。因为任何真理都只能从一个基本原理推导出来。每个特定的课题应当有什么基本原理，这是由一门彻底的知识学所必须阐明的。怎样从这个基本原理得出更进一步的结论，这是由普通逻辑指明的，因此，无论是正路还是歧途，就都很容易予以查明。

但是，提出相反的意见对于**清晰地、明确地阐述**业已发现的真理，却有很大好处。通过真理与谬误的对比，大家势必会更好地注意二者的不同特征，并能更明确、更清楚地理解这些不同的特征。今天，我就使用这个方法，把我一直在这些讲演里向你们阐述过的问题，作一简短而明确的概述。

我认为人类的使命在于促进文化的不断进步，在于使人类的
(VI, 336) 一切天资和需求获得同等的不断发展；在人类社会里我赋予研究

这种进步和同等发展的阶层，以很光荣的地位。

谁也没有像卢梭那样坚决，那样伪造论据，那样雄辩地反对这个真理。对于他来说，文化的进步就是整个人类败坏的唯一原因[8]。按照他的意见，人除非处于自然状态，则根本无可救药，而那个主要促进文化发展的阶层，即学者阶层，他认为是整个人类贫困和败坏的根源与中心——这当然完全是根据他的基本原理得出的结论。

这样一个学理，是由一位把自己的精神禀赋发展到了很高水平的人提出的。他以他这种卓越的教养赋予他的一切优势进行工作，以便尽可能使全人类相信他的主张的正确性，并劝说全人类回到他所赞颂的自然状态中去。在他看来，走回头路就是进步；在他看来，这个已经离弃的自然状态就是现在已被败坏的和畸形发展的人类最后应当奔赴的最终目标。因此，他恰恰做着我们做着的事情；他进行工作，是为了按自己的方式推动人类前进，促使人类奔向自己最后的、最高的目标。所以，他恰恰做着他自己严厉斥责的事情；他的行为同他的基本原理是矛盾的。

这个矛盾也是贯穿于他的基本原理中的那个矛盾。除了他内心的意向以外，还有什么东西唤醒他行动呢？如果他用心观察这个意向，并把这一意向同导致他陷入谬误的东西并列在一起，那么，在他的行动方式和他的推论方式中似乎同时也有统一性和一致性。我们解决了第一个矛盾，我们同时也就解决了第二个矛盾。第一个矛盾的统一点同时也是第二个矛盾的统一点。我们（VI，337）
将会发现这个点，我们将会解决这类矛盾；我们对卢梭的了解胜于他自己对自己的了解，我们也将会发现，他同他自己完全一致，也同我们完全一致。

是什么把**卢梭**引向那样一个可怕的，虽然部分地在他之前已由别人建立起来，但就其普遍性来说却同公众舆论完全对立的原理呢？是他从更高的基本原理出发单凭思考得出来的吗？噢，不！**卢梭**从哪方面讲，都还没有达到一切人类知识的基础；关于人类知识的基础问题，看来他从来都没有提出过。**卢梭**视为真理的东西，都直接基于他的感觉；所以，他的知识都带有一切建筑在单纯低级感觉上的知识的错误，这样的知识部分地是**不可靠的**，因为人们对自己的感觉不能作出完满的估计，部分地是把**真实的东西同非真实的东西**混合起来，因为建筑在低级感觉上的判断往往把意义并不相等的东西当做意义相等的东西看待。正是**感觉**从来不会发生错误，**判断力**则会发生错误，因为判断力会错误地解释感觉，而把混合的感觉当做纯粹的感觉。**卢梭**从低级感觉出发，把这种感觉当做自己思考的基础，他经常作出一些正确的推论；一俟他到达理性推论的范围，他就同自己趋于一致，因而他也以不可抗拒的力量吸引着可能追随他的读者。假如在推论过程中他也能接受感觉的影响，那么这种感觉的影响就会把他引回到感觉刚刚使他离开的正确道路上去。为了少发生错误，**卢梭**应当成为一个比较敏锐或者不那么敏锐的思想家；为了使自己不致陷入迷途，大家也同样必须具有很高或者很低的洞察力，要么成为十足的思想家，要么根本不是思想家。

卢梭与浩瀚的世界隔绝，沉湎于自己的纯粹感觉和自己的生
(VI, 338) 动想象力，描绘了一幅世界图景，尤其描绘了一幅学者阶层——学者阶层的工作尤其使他感兴趣——的图景，表明世界和学者阶层应该是怎样的，如果它们遵循那种共同的感觉，它们必然会

成为怎样的。他进入过浩瀚的世界，他环顾过自己周围的事物。当他曾经看到实际存在的世界和学者时，他又作何感想呵！他登上了一个惊人的高峰，看到了每一个会用自己的眼睛看东西的人都能到处看到的事物——不知道自己的高度尊严和天赋的人们，像牲畜那样匍匐在大地上，被禁锢在尘土中；他看到了他们的欢乐和苦难，看到了他们的整个命运，这命运取决于他们的低级感性生活的满足，而这种低级感性生活的需求每满足一次，都会达到令人痛苦的程度；他看到了他们在满足这种低级感性生活时，如何既不重视正义，也不重视非正义，既不重视神圣的东西，也不重视渎神的东西，他们如何随时准备为最初的奇想而牺牲整个人类；他看到了他们怎样终于丧失了对于正义和非正义的任何理解，又怎样把贤明变成谋取自己利益的狡计，把职责变成他们的贪婪的满足；他终于看到了他们怎样在这个屈辱之中寻找自己的高尚，在这个羞耻之中寻找自己的光荣，他们怎样轻视那些不像他们那样贤明、那样有美德的人；他看到了大概最后在德国也可以见到的景象，即本来应当成为民族的教师和教养者的人们，怎样沦为甘愿自己败坏的奴隶，本来应当对自己的时代发出明智和严肃的声音的人们，怎样谨小慎微地听命于最专断的愚蠢和最专断的恶行所发出的声音；他听到了他们在他们的研究方向上怎样提出问题，他们的问题不是这是真实的吗？这会造成善良与高尚吗？而是人们会乐于听取吗？不是人类是否会由此获得什么好处？而是我是否会由此得到什么好处？比如，得到多少金钱，或者得到哪个亲王的赏识，或者得到哪个美女的微笑？他看到了他(VI, 339)们怎样把这种思想方式变为自己的光荣，他看到了他们对愚钝的

人抱着怜悯态度，耸耸肩膀，而愚钝的人却不像他们那样会猜揣时代精神；他看到了才干、艺术和知识联合起来服务于一个倒霉的目的——迫使那种因寻求种种欢乐而被弄得精疲力尽的神经再享受一次更美妙的欢乐，或者服务于一个卑陋的目的——宽恕人类的败坏，替人类的败坏辩护，把这奉为德行，为此横扫一切障碍；最后，他看到，并且凭他那不愉快的亲身经验了解到，那些没有尊严的人堕落得很深，以致对于还可能有什么真理，他们丧失了最后一点预感能力，他们甚至连想一想这些事情的原因都完全无能为力，他们也丧失了最后一点羞耻心理，而当人们再向他们大喝一声，提出这类要求时，他们却说：够了，这不是真实的，而我们也不希望它是真实的，因为我们在这方面什么好处也捞不到。——这一切他都看到了，而他十分紧张和错乱的感觉顿时愤激起来。他以无限愤懑的心情猛烈抨击自己的时代。

我们不会责难他这种敏感性！它是灵魂高尚的标志；谁感觉到自身的神圣东西，谁就往往会向永恒天意喟然长叹：这真是我的弟兄吗？这真是你给我在地上谋求生路赐予的同伴吗？是的，他们具有我的形象；但我们的灵魂和我们的心却不相亲近；我的词汇对于他们来说是一种异邦语言中的词汇，他们的词汇对我来说也是这样；我听到他们说话的音响，但没有任何东西在我心中可以认为是有含义的！啊，永恒的天意，你为什么让我生在这样的人们之中？或者说，就算我应该生在他们这些人之中，为什么你赐予我这种感觉和这种对于某类更好、更高的东西的预感？为什么你把我弄得同他们不一样？为什么你不把我造成像他们那样卑陋的人？要不然，我就可以满足于同他们生活在一起

了。——你尽情责骂他的怨恨，指责他的不满，而你们其他人却 (VI, 340)
认为一切都是美妙的；你尽情时他夸耀你们接受一切的满意心情，夸耀你同他们这样的人所采取的谦虚态度！假如他没有什么高贵的需求的话，他也会像你一样谦虚。你不会再向往更美好的状况了，对于你来说确实一切都是够好的了。

在这些痛苦感觉的冲击下，卢梭除了看到引起他激动的对象，就再也看不到任何东西。感性生活占了统治地位；这是万恶之源。不管遇到什么危险，不管付出多少代价，唯独这种感性生活的统治地位是他想要消灭的。因此，他陷入相反的极境，这难道值得奇怪吗？感性生活不应当占统治地位；如果这种感性生活整个遭到扼杀，如果它根本不存在，或根本不发达，或根本没有获得任何力量，那它也根本占据不了统治地位。这就是卢梭的自然状态的由来。

在卢梭的自然状态中，人的特殊天资还不可能得到发展，还不可能一下预示出来。人除了自己的动物性需求，不可能有任何别的需求；他应当像动物那样，同动物一起生活在草地上。毋庸置疑，在这种状态下不会发生任何引起卢梭那样愤懑的罪恶；人饿的时候就要吃，渴的时候就要喝，这就是摆在他眼前的首要事情；当他吃饱的时候，他就没有兴趣从别人手里掠取他自己不能再吃下去的食物。当他吃饱的时候，每个人都可以在他面前安静地吃喝东西，想吃想喝什么就吃喝什么，想吃想喝多少就吃喝多少，因为他现在恰恰需要安静，没有时间去打扰别人。人类的真正特点在于对未来的希望；这种对未来的希望同时也是一切人类罪恶的根源。排除这个根源，就不再会有罪恶；卢梭确实是借助自己的自然状态来排除这类罪恶的。

(VI, 341) 但是，人确实是人，而不是动物，他一定不会停留于这个状态中，这一点也同样是毫无疑问的。自然状态诚然会消除罪恶，但同时也会消除德行和整个理性。这样，人就会变成没有理性的动物，就会出现一个新的动物物种；于是，人就根本不再存在了。

毫无疑问，卢梭待人是诚实的，而且他自己也渴望生活于他以巨大热忱向别人赞颂的这种自然状态，当然，这种渴望是通过他的一切言论表露出来的。我们可以向他提出一个问题：卢梭在这个自然状态中寻求的东西，真正说来究竟是什么呢？他觉得自己由于有各种各样的需求而受到限制和压抑——这对于通常人说来当然是不足挂齿的坏事，但对他这样的人来说就觉得比什么都难受——这种种需求就是这样常常使他自己离开诚实和道德的正路。他想，假如他生活在自然状态中，他就不会有这种种需求，也就不会由于这些需求得不到满足而遭受这么多的痛苦，也不会由于用不光彩的手段来满足这些需求而经受这么多更为深重的痛苦。这样，他在自己面前就可以安然自若。他处处感到别人在压迫他，因为他阻碍了满足别人的需求。人类为恶，并非徒劳，——卢梭是这样想的，我们也同意：假如他不感觉到那种需求，一切伤害过他的人就没有一个会侮辱他。假如他周围的一切人都生活在自然状态之中，他在别人面前就会安然无恙。因此，卢梭希望有不受干扰的内在宁静和外在宁静。好吧！那我们就要进一步问他：他要这种不受干扰的宁静是为了什么呢？毫无疑问，为了考虑自己的使命和自己的职责，从而使自己和自己的同

胞高尚起来，为了这个目的，他确实利用了他终究享有的那种宁静。但是，他在他所假定的那种动物性状态中怎么会有这类考虑呢？要是不具备那种他只有在文明状态中才能获得的传统教养，(VI, 342) 他怎么会有这类考虑呢？因此，他不知不觉地把他自己，把整个社会连同整个文化发展——只有摆脱自然状态社会才能得到这种发展——都搬到自然状态里去了；他不知不觉地假定，社会早已摆脱这种自然状态，走上整个文化发展的道路；但社会又不应当摆脱这种状态，不应当获得发展；这样，我们就不知不觉地接触到了卢梭的错误推论，而现在，我们则可以毫不费力地完全解决他的悖论。

卢梭希望人返回到自然状态中去，其目的不在于精神的发展，而仅仅在于超脱感性生活的需求。诚然，毋庸置疑的事实是：随着人日益接近于自己的最高目标，要满足他的感性需求也必定变得日益容易；为维持他的生活所作的努力和操心会日益减轻；土壤的肥力会增加，气候会变温和；为增加生活资料和减轻生活负担，必定会做出无数的新发现和新发明；此外，随着理性广为传播和占据统治地位，人的需求将会不断减少，这种减少，不像在原始自然状态中那样，是由于他不知道使生活变得更愉快的东西，而是由于他没有这些东西也能过得很好；他随时准备着，津津有味地享用他在不违背自己职责的情况下所能拥有的最好东西，而不需要任何以卑劣手段获得的东西。如果这种状态被想象为理想的——在这方面，它和一切理想的东西一样，是不可能达到的——那么，它就是古代诗人所描绘的那种不进行体力劳动而过着感性享乐生活的黄金时代。由此可见，摆在我们前面的，是卢

(VI, 343) 梭以自然状态的名义和那些古诗人以黄金时代的名称置于我们**后面**的东西（应该顺便指出，在过去往往出现这样一种特殊现象，即把我们**应当成为**的东西描写成我们**已经成为**的某种东西，把我们应当达到的东西想象成某种已经丧失的东西；这种现象在人类天性中有其深刻基础，有朝一日我要在适当时机根据人类天性来解释这类现象）。

卢梭忘记了，人类只有靠操心、辛劳和工作才能接近这个状态。不运用人类的双手，自然界是原始的和荒野的，而且它原来可能就是这样，因而才会使人不得不摆脱无所作为的自然状态，开发自然界，才会使人本身从纯粹的自然产物成为自由的理性生物。他确实在摆脱自然状态；他不怕任何危险，摘取认识之果；因为他向上帝看齐的意向是根深蒂固、不可磨灭的。摆脱这一状态的第一步是把他引向痛苦和辛劳。他的需求得到了发展；这些需求迫切需要得到满足；但是，人天生就同生他的那类材料一样，是懒惰的。这时就发生了需求与懒惰之间的严酷斗争：前者取得了胜利，后者则在痛苦地悲叹。这时他汗流满面地开发原野，愤怒地看着原野上那些必须由他铲除的荆棘杂草。需求不是罪恶的根源；需求是促使人勤劳奉事、涵养德性的动力；懒惰才是一切罪恶的根源。**尽可能多享乐，尽可能少干事**——这就是天性败坏的人给自己提出的课题；为解决这一课题所做的各种尝试就是这种人的罪恶。当这种天生的懒惰尚未侥幸得到克服之前，当人还没有从事工作，而一味寻求自己的欢乐和享受之前，人是无可救药的。为此，就存在着与需求感相联系的痛苦感。这种痛苦感会促使我们从事工作。

这就是任何痛苦所要达到的目的，尤其是我们目睹我们的同胞残缺、败坏和贫困时出现的痛苦所要达到的目的。谁感觉不到这种痛苦和这种严重不满，谁就是鄙俗的人。谁感觉到这种痛苦，谁就会竭尽全力，尽可能改善自己的地位和自己的环境，从而力求摆脱这种痛苦。尽管他的工作毫无成效，他看不到工作的好处，但他的积极活动的感受和他在反对普通道德败坏的斗争中贡献出自己力量的情景也使他忘掉了那种痛苦。在这方面卢梭犯了错误。他是有能力的；但是他的感受苦难的能力大于积极活动的能力。他强烈地感觉到人们的苦难；但他远未感觉到他自己就有挽救这种苦难的力量；他怎样感觉自己，也就怎样判断别人；在他看来，他怎样对待自己的这种特别的苦难，整个人类也就怎样对待自己的共同苦难。他估计到了苦难，但他没有估计到人类自身就有挽救自己的力量。 (VI, 344)

让卢梭安息吧！人们将对他永志不忘。他是有功劳的。许多人继承了他所开创的事业，他在他们的心灵中燃起了烈火[⑨]。但他在行动时几乎没有认识到自己的主动精神。他在行动时并没有号召别人行动起来，并没有估计到别人反对全部公害与道德败坏的行动。在他的整个思想体系中都有这种不求发挥主动精神的缺点。他是一位感受到痛楚，但未同时亲自对它们的影响作出积极抵抗的人物。他的慕恋者们被激情引入迷途，成为有道德的人；但他们只是成为这样一种有道德的人，却并没有向我们清楚表明是怎样成为的[⑩]。他把理性反对激情的斗争，把长期缓慢地、千辛万苦地取得的胜利——我们所能看到的最有意思、最有教益的事情——在我们眼前隐藏起来。他的学生们自己成长起 (VI, 345)

来。他们的导师所做的事情，只不过是为他们的发展排除障碍，在其他方面则听任慈善的自然界支配[11]。慈善的自然界也必须永远把他们置于自己的保护之下。因为卢梭并没有给他们提供同自然界作斗争和征服自然界的动力、热情和坚定决心。在好人当中他们会是好人，但在恶人当中——有哪个地方大多数人不是恶人呢？——他们将忍受不堪言状的痛苦。所以，卢梭是在**宁静中**，而不是在**斗争中**概括描绘了理性；他用**削弱感性**去代替**加强理性**。

我着手作这方面的研究，是为了解决那个声名狼藉的悖论，这个悖论恰好同我们的根本原理相对立；但是也不完全为了这个目的。我也想以我们这个世纪一个最伟大的人物为例，向你们表明你们不应当成为这样的人；我想以他为例，向你们阐明一种对你们整个一生来说都很重要的学说。现在，你们从哲学研究中知道，人应当成为什么样的人，一般说来，你们同这样的人还没有任何亲近的、紧密的、不可分离的关系。你们将会同他们有这种更亲近的关系。你们会发现，他们同你们的伦理学所希望于他们的完全不一样。你们本身越是高尚和优秀，你们遇到的经历对于你们来说将越加痛苦；但是，你们切不可让这种痛苦制伏了自己，而是你们要用行动去克服它。我寄望于行动；行动也属于使人类完善的计划之列。站在那里抱怨人类堕落，而不动手去减少它，那是女人的态度。不告诉人们应该怎样变得更好，就进行惩罚和挖苦，那是不友好的态度。行动！行动！——这就是我们的生存目的。在我们比较完善的时候，对于别人不如我们那么完善，难道
(VI, 346) 我们应该表示愤怒吗？不正是我们的这种较大的完善召唤着我

们应当为别人的完善而工作吗？展望那辽阔大地，正待我们开垦，该多么让我们高兴！我们觉得自己浑身是力，任重道远，该多么让我们高兴！

译 者 注 释

① 这是费希特于1794年上学期在耶拿大学所作的五篇公开演讲。最初用的题目是《学者的道德》，在1794年秋以单行本出版时，改为《关于学者使命的若干演讲》。第一讲是在5月23日作的。他在5月24日发给他妻子（当时还在苏黎世）的信里写道："耶拿最大的大学教室都太窄小了；整个前厅和院子拥挤不堪；桌子和长凳上站满了人，一个挤着一个……所有听众都赞同我的演讲"（《费希特书信集》，H.舒尔茨编，第1卷，第364页）。听讲的有五百多位学员。他的影响超出了大学讲坛，一些知名学者力求和他交往，一些大学教授希望了解他的体系。当时住在魏玛的歌德和维兰德，都对费希特表示过特别的关切。在一个小小的大学城里所说的话，顿时传遍了整个德国知识界，得到了大多数人的支持，同时也遭到极少数人的反对。第二讲刚刚结束，那些封建卫道士们就开始给费希特散布流言飞语，说他在大学教室里宣称，在以后二十年到三十年内任何地方都不再会有国王或君主了。费希特在听到这类谣言以后，曾写信告诉他的妻子："你不要相信那些东西，比如说，这几天有人向苏黎世传递消息，说我因为自己的学说已被带到魏玛追究责任；我已被禁止写这个或那个东西。我现在在全国都成了'家喻户晓的话题'，到处都在传播关于我的离奇谣言"（同上书，第388页）。那些封建卫道士们给费希特的教学和研究活动设置种种障碍，指望魏玛政府取缔他的演讲。为了驳斥这些造谣中伤，费希特决定先将这五篇演讲公之于众。——VI,291

② 9月29日为米迦勒节。在这个节日，德国举行大规模的秋季集市贸易，有书商上市采购新出版的书籍。——VI,292

③ 1794年上学期，费希特在耶拿大学首先以《论知识学或所谓哲学的概念》为题，开始作私人演讲。在这部演讲录的结束语中，费希特说："我们

的一切研究都必须以达到人类的最高目标，即达到人类的改善为归宿。”“因此，越来越有必要认真考虑下列问题：学者的真正使命是什么？他在世界里处于什么地位？学者们同其他人，尤其是同其他各个阶层有什么关系？他用什么方法才能极其熟练地完成自己由于这种关系所肩负的职责？他怎样使自己通过教育获得这种熟练的技能？这些问题正是我要在以《学者的道德》为题的公开演讲里试图回答的问题。你们不要希望从这一演讲里得到一种系统的知识；现在学者缺乏的往往不是知识，而是行动。”(《费希特著作集》，F. 梅狄寇斯编，莱比锡 1911 年，第 1 卷，第 214—215 页)——VI，293

④ 费希特在他的《知识学基础》(1794 年)里，把“自我”作用于“非我”的性能称为“能动性”(Tätigkeit)，而把“自我”接受“非我”的作用的性能称为“受动性”(Leiden)，认为这是两个对立的概念。他说，“非我(能动地)决定自我(就此而言，自我是有受动性的)。自我通过绝对活动，设定自己为被决定的”。“因此，在自我中设定了能动性的对立面。而能动性的对立面就叫做受动性。”(《费希特全集》，I. H. 费希特编，第 1 卷，第 127—128 页)——VI，296

⑤ 费希特指的是康德的《纯粹理性批判》。——VI，304

⑥ 梅林在评述这一思想时指出：“康德的最高伦理原则——你应该这样行动，无论在你身上还是在任何别人身上，都要把人类当做目的而不可单纯当做手段使用——只有在资产阶级还不强大，无产阶级根本没有发展的国家，才可能存在。只有在这样一个国家里，费希特才能说，任何人不可为自己使用别人的力量，他才会写出，‘人应该劳动，但是不能像一匹役畜那样驮着东西入睡，经过必要的休息以后，又被赶起来驮同样的重担。他应该无忧无虑地、高高兴兴地劳动，并且留有使自己的精神和见识能上升到天国的时间，人受教育的目的就是观察天国’。”(《德国社会民主党史》，北京 1963 年，第 1 卷，第 72 页)——VI，309

⑦ 费希特试图打破历史上流传下来的阶层概念，建立起他的合乎伦理的阶层概念。在他看来，阶层并不是一群享有特权或身负重担的人，而是把自己的职业利益和社会职责统一起来的人；阶层并不是由于共同体的明确规定形成的，而是由于各个人自由选择职业形成的。——VI，312

⑧ 卢梭在 1794 年为第戎科学院写的悬赏征文《论科学和艺术的复兴是否促进了风俗的淳厚？》中认为，“随着我们的科学和艺术进于完善，我们的

灵魂败坏了”。(《论科学和艺术》,北京 1960 年,第 7 页)——VI,336

⑨ 这里表现了费希特对卢梭的民主思想的继承性。费希特在其早期著作《不眠之夜偶想》(1788 年)和《宗教与有神论的箴言》(1790 年)里,就在卢梭的思想影响下,揭露了封建统治者专横暴戾,践踏农民权利的现象。他的《向欧洲君主索回他们迄今压制的思想自由》(1793 年)和《纠正公众对法国革命的评论》(1793 年)又进一步表明卢梭的思想在费希特心中点燃起了烈火。费希特猛烈地抨击了封建专制制度,指出它是人类败坏的根源;他要求废除贵族的封建特权和农民的人身依附,要求建立资产阶级民主制度;他肯定了资产阶级革命的合理性,认为人民有权改变不合理的政治制度。——VI, 344

⑩ 费希特这里指的是卢梭的长篇小说《新艾洛依扎》中的几个主人翁。——VI, 344

⑪ 费希特这里指的是卢梭的长篇教育小说《爱弥儿》中的主人翁。——VI,345

人的使命

前　　言 (II, 167)

凡在学院以外有用的当代哲学材料，都将构成本书的内容；这内容是按照那材料必定会将自身展现给缺乏思维素养的人的次序加以阐述的。那些用以对付矫揉造作的知性的反对意见与放肆言论的较深论证，那种仅仅是其他实证科学的基础的内容，以及最后，那类单纯属于广义教育学的，即属于慎重考虑和自觉进行的人类教育的东西，将仍然不列入本书的范围。那些反对意见是朴实无华的知性得不出来的；实证科学则由这种知性让给专职的学者们去研究，而人类教育就其以人为转移而言，也由这种知性让给委任的国民教师们与文职官员们去完成。

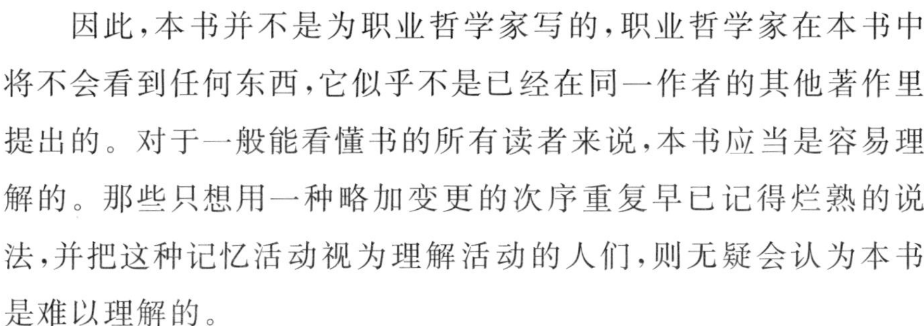

因此，本书并不是为职业哲学家写的，职业哲学家在本书中将不会看到任何东西，它似乎不是已经在同一作者的其他著作里提出的。对于一般能看懂书的所有读者来说，本书应当是容易理解的。那些只想用一种略加变更的次序重复早已记得烂熟的说法，并把这种记忆活动视为理解活动的人们，则无疑会认为本书是难以理解的。

本书应当吸引和鼓舞读者，用力量把读者从感性世界不断引 (II, 168) 到超感性世界；至少作者意识到，着手这一工作，莫不振奋人心。如果说在艰辛完成工作时，人们开头用以选定目的的那种热情往往会消失，那么，在已经完成工作以后，人们则反而会直接处于他们在这件事情上受到不公正对待的危险境地。总之，作者的目的是否达到，这只能由本书对为之而写的读者所产生的影响加以判定，而作者在这个问题上是没有发言权的。

我还应当——当然是对少数人——提醒：书中所说的我，绝不是作者；相反地，作者倒希望其读者能成为这个我，希望读者不仅能历史地理解这里所说的内容，而且在生存的时期，实际上真正能跟他自己对话，反复考虑，得出结论，像作者在书中设想的代表人物那样下定决心，并依靠自己的工作与思考，纯粹从他自身发展出并且在他自身建立起这样一种思维方式，这种思维方式的单纯概念本书已向他提供。

第一卷　怀疑 (II, 169)

我以为，我现在是在认识我周围相当大的一部分世界；为了获得这种认识，我确实花了很多工夫，费了不少心血。我只相信我的感官的一致陈述，只相信持久不变的经验；凡我所见到的，我都亲手触摸过，凡我所触摸到的，我都分析过；我曾多次重复我的观察，我也相互比较过各种现象；只有在我看出它们之间的精确联系以后，只有在我能从一种现象解释和推断另一种现象以后，只有在我能预计结果，而对结果的觉察又符合于我的预计以后，我才心安理得。因此，我现在就像确信我自己的存在一样，也确信我这部分知识的正确性；我迈着坚定的步伐，在我的世界的已知范围里行进，并且依据我的信念的确实性，敢于随时谋求生活和幸福。

但是，我自己是什么呢？我的使命是什么呢？

多余的问题！很早以前我关于这个课题领受的教导就已经结束了，要把我在这方面所详细听到的、学过的和相信的一切都加以重复，那会花费许多时间。

我模糊地记得那时掌握这方面的知识的情形，但我究竟是怎样学得这种知识的呢？我是受到一种热烈的求知欲的驱使，经过
不确信、怀疑和矛盾而苦干出来的吗？在一种内在的声音还没有 (II, 170)
不可置疑和不可抗拒地向我唤呼“事情完全如此，同你的生存和

存在一样真切”以前，当某种信念呈现在我面前的时候，我表示过赞同吗？我一再检验、澄清和比较过这种可能的东西吗？不，我记不得有任何这样的情况。那些教导，在我寻求它们之前，别人已向我提供；在我提出问题之前，别人已经给了我答案。我听着，因为我不能不听；教导给我的东西留在我的记忆里，正像受了偶然性支配一样；我既不进行检验，也不参与意见，而是让一切都在我的心灵里占据着它们的位置。

那么，我如何能使自己相信，我确实具有关于这类思考对象的知识呢？如果我仅仅知道和确信我自己觉察到的东西，如果我仅仅真正了解我自己经验过的事情，那么，我实在不能说我对于我的使命有什么知识；在这方面我所知道的，仅仅是别人声称知道的那类东西；我能真正确定的唯一事实是：我曾经听到别人对这些对象有这样或那样的说法。

因此，在以往我对于那些不重要的事情总是亲自动手，精心探究，而对那些最重要的事情则信赖别人的诚实与谨慎。我相信别人能关怀人类最重要的事情，我相信他们会严肃认真和一丝不苟，而这种严肃认真和一丝不苟的精神是我在我自己身上怎么也找不出来的。我认为他们比我自己高得无法形容。

但是，不管他们知道什么真理，他们除了靠自己的思考以外，还能从哪里获得真理呢？既然我同他们一样是人，我为什么不能靠同样的思考发现同样的真理呢？我在以往是多么低估和轻视了我自己呵！

我希望以后不要再这样了，从这时起，我要开始行使我的权利，把握那份属于我的尊严。别人的一切帮助都应抛到一边。我

要**亲自**进行探讨。假如我对于研究结果会有私欲，对于某些论断 (II, 171)
会有偏爱，那我就要忘掉它们，摒弃它们，不让它们对我思考的方向有任何影响。我要**严格细心地**从事工作，我要诚实坦率地承认我所得到的一切结果。凡我发现是真理的东西，不管它是什么样的，我都欣然接受。我要**认识**。我以一种确信得知，这块土地在我踏在它上面的时候，会支持着我，这团烈火在我接近它的时候，会燃烧着我；现在，我也要以同样的确信，知道我自己是什么，我将来是什么。假如我们无法知道这件事情，那我至少要知道，这是我们不可能知道的。即使是这样的探讨结果，如果我发现它是真理，我也甘愿服从。——我很急于解决我的课题。

我捉住那川流不息、急速奔腾的自然，让它停留片刻；我凝神注视着这当下的瞬刻，对它反复思考。我思考着这个自然，我的思维能力至今都是借助于它而得到发展的，至今都是为了得出在自然领域里有效的结论而得到培养的。

我被各种对象包围起来，我觉得我必须把它们看做独立存在的、彼此分离的整体：我看到植物，看到树木，看到动物。我认为每个对象都有属性和特征，根据这些属性和特征，我把各种对象相互区别开；这种植物具有这种形式，另一种植物具有另一种形式；这棵树有这种形状的树叶，另一棵树有另一种形状的树叶。

每个对象都有**其一定数量**的属性，既不更多也不更少。一个对象是这样还是那样？一位充分了解这个对象的人，对于任何这样的问题都能坚定地回答是或者不是，因而对于存在或不存在这样的属性就绝没有任何犹豫的余地。一切存在着的东西，或者**是** (II, 172)

某种东西，或者**不是**这种东西；或者是带色的，或者是不带色的；或者有某种颜色，或者没有这种颜色；或者是有味的，或者是无味的；或者是可触摸的，或者是不可触摸的，如此等等，以至无穷。

每个对象都在**一定程度上**具有这些属性中的任何一种属性。如果有一个衡量某种属性的尺度，而且我可以运用它，那就可以发现那种属性的特定度量，那种属性丝毫不会超越过或达不到这个度量。我测量这棵树的高度，高度是确定的，绝不会比现实存在的树更高些或更低些。我看到这棵树的树叶是绿色的，那是一种完全确定的绿色，绝不会比实际存在的绿色更深些或更浅些，更鲜艳些或暗淡些，虽然我无法精确度量和言传这种性质。我瞥见这种植物：它处在发芽与成熟之间的一个特定发育阶段上，绝不会离它这个阶段更近一些或更远一些。**一切存在的东西都是完全确定的，它就是它现在那样，而绝不是别样。**

这并不是说，我不能设想某个东西游移于两个相反的属性之间。我确实设想过不确定的对象，我的大部分思想就是这样的设想。我想像一棵一般的树。这棵树有果实还是没有果实？有树叶还是没有树叶？如果它有，有多少？它属于哪一类树？它有多大？如此等等。所有这些问题都得不到答复，在这方面我的思想也是不确定的，因为我所想的确实不是一棵特殊的树，而是一般的树。但是，正因为这棵树是不确定的，我便否认了这棵树的现实存在。在一般现实东西可能有的种种属性中，一切现实东西都拥有其一定数量的属性，而这种现实东西既然肯定是实际存在的，所以这些属性中的每种属性都有确定的度量，虽然我以为我
(II，173) 并不能穷尽一种对象的所有属性，也不能用任何尺度来衡量这些

属性。

然而，自然在自己的永恒转化中迅速地前进着，当我还在谈我所观察到的瞬刻时，它已经消逝不见了，一切也都起了变化；在我能够把握这瞬刻以前，一切又都成为另一个样子。一切东西并不总是像它们过去那样，也不总是像我现在把握的那样；它们是变成这样的。

那么，一切东西究竟为什么和出于什么根据恰好变成它们现在变成的这样呢？自然为什么在它所能采取的无限多样的规定中，在这个瞬刻恰好采取它实际采取的规定而不采取别的规定呢？

这是因为，它们以前的规定正好是它们以前的规定，而不是任何其他可能的规定；而且因为，当前的规定正好是从这些以前的规定产生出来的，而不是从任何其他可能的规定产生出来的。例如某种东西在以前的瞬刻同过去有微小不同，那么在当前的瞬刻也就会有某种东西同现在不同。是什么原因使一切东西在以前的瞬刻正好是过去那样呢？这是因为，在这一个瞬刻之前的那一个瞬刻，一切都曾经是那一瞬刻那样。而这前一瞬刻又依赖于更前一瞬刻，如此上溯，以至无穷。同样，自然在往后的瞬刻也将被规定为像它将来那样，因为自然在当前的瞬刻已经被规定为像它现在那样。假如某种东西在当前的瞬刻同现在有微小不同，那么在往后一瞬刻也必然会有某种东西同将来不同。在这往后一瞬刻以后的那一瞬刻，一切都将是将来那样，因为在那往后的一瞬刻，一切都将是将来那样；同样，这往后的一瞬刻就像决定于其以前的瞬刻那样，又决定其更往后的瞬刻，如此下推，以至无穷。

自然在不停地穿过它可能有的规定的无限系列而前进着；这(II,174)些规定的更迭绝不是毫无规律的，而是有着严格规律的。凡在自然里存在的，必然像它存在的那样存在着，而绝不可能不那样存在。我进入了一条连续的现象锁链中，在那里，每个环节都取决于其前一个环节，并决定其下一个环节；我进入了一种牢固的联系中，在那里，我从任何给定的环节出发，只凭思考，就可以发现宇宙的一切可能的状态。如果我把这个环节**解释清楚了**，寻找出唯独能使这个环节变为现实的原因，我就可以上溯到过去；如果我由这个环节**进行了推演**，寻找出这个环节必然会产生的结果，我就可以下推到将来。我在每个部分中都看到整体，因为只有通过整体，每个部分才成其为部分，但通过整体，部分也必然是部分。

那么，我刚才所发现的究竟是什么呢？如果我回顾一下我的全部主张，我就会发现我的那些主张的精神如下：必须给每一变易都先设定某种存在，它是由于这种存在，并通过这种存在而发生的；必须给每一状态都先设定另一种状态，给每一存在都先设想另一种存在，而绝不可认为什么东西是从虚无里产生的。

我要在这方面多花点时间，阐明并且完全弄清我的主张所包含的内容。因为将来我的探讨的整个成败，很可能取决于我对我思考过程中这一点的清晰认识。

我开始问过，各种对象的规定究竟为什么和出于什么根据在这一瞬刻恰好是它们现在那样。因此，现在我无须进一步证明，也不必作任何探讨，就可以假定这是不证自明的、直接真实的和绝对可靠的事情，就像它实际上那样，就像我现在依然察觉，将来 (II, 175) 也永远会察觉的那样；我说，我假定它们是有某种原因的，它们之所以能存在，有现实性，并非由于它们自身，而是由于它们之外的某种东西。我发现它们的存在不足以说明它们本身的存在，我觉得自己不得不为了它们本身而再假定它们之外的另一种存在。但是，我为什么会发现这些性状或规定的存在不充分呢？我为什么会把它当做一种不完全的存在呢？它里面有什么东西使我感到它不足呢？这无疑是由于：首先，这些性状绝不是独立不倚地存在的，它们仅仅是属于另一种存在的东西；它们是具有性状的东西的性状，是具有形式的东西的形式；要设想这种种性状，总要假定这样一种采取和带有性状的东西，用学院语言来说，即假定这种种性状的**基质**。其次，说这样的基质具有一种确定的性状，这就表示基质的变化处于静寂状态，基质的变易处于中止状态。如果我设想它处于变化状态，它就不再会有什么确定性了，而是通过不确定性，从一种状态向另一种相反的状态转化。因此，物的确定性状态是一种单纯的受动性的状态和表现；这种单纯的受动性是一种不完全的存在。它需要有一种跟这种受动状态相对应的能动性；根据这种能动性，就可以解释受动性，通过和借助于这种能动性，才可以设想受动性；或者，如我们通常所说的，**这种能动性包含着这种受动性的根据**。

所以，我曾经设想和不得不设想的，绝不是先后相继的不同自然规定本身能相互产生；也完全不能设想，当前的性状会自行消灭，在它本身不再存在的未来瞬刻里，取而代之产生的是另一种不属于它本身的、在它之中不包含的性状。性状既不产生自

己，也不产生自身以外的某种别的东西。

(II, 176) 为了理解那些规定的逐渐发生和更迭，我所设想和必须设想的，是一种能动的、对象特有的、构成对象的真正本质的力量。

但我是怎样设想这种力量的呢？它的本质是什么？它的表现方式是什么？它只能是这样表现的：在一定的条件下，这种力量凭靠它自身，为了它自身，产生一定的结果，而不产生任何其他结果，而且这是完全确实、绝对无误的。

能动性这个本原，**自在自为的**产生和变易这个本原，纯粹存在于它自身之内，它确实是力量，并不存在于它自身之外；这种力量不是被推动或发动的，而是自己使自己运动的。**它恰恰以这种特定的方式发展自身**，其原因部分地在它自身之内，因为它正是这种力量，而不是别的力量，部分地在它自身之外，在它赖以发展自身的那些外部条件。要引起一种变化，就必须把两个方面，即力量由其自身作内在规定和力量由外部条件作外在规定，结合起来。问题在于：第一，外部条件，即物的静态存在和持续存在，绝不引起任何变易，因为这些条件包含着一切变易的对立面，即静态持续存在；第二，任何力量，就其为可设想的而言，是一种彻底确定的力量，但它的确定性却是由它赖以发展自身的外部条件完成的。——我只能设想一种力量；但只有当我感受到力量的作用时，这种力量对我来说才存在。一种没有作用的力量，尽管可以是一种力量，而不是静态的物，却是完全不可思议的。可是，每个作用都是确定的；因为作用只是一种映现，只是活动本身的另一方面。因此，起作用的力量是在活动中确定的。而这种确定性的原因，部分地在力量本身，因为它只能被设想为一种特殊的、自为

地持续存在的东西；部分地在力量之外，因为它自身的规定性只能被设想为受制约的规定性。

一朵花从地上长出来，我由此推论出自然中有一种发育力 (II, 177)
量。但我所以认为有这样一种发育力量，只是由于我看到这朵花或别的花存在着，看到一般的植物或动物存在着。我只能通过力量的作用来描述这一力量，对我来说，这力量不是别的，正是引起这一作用的东西，正是产生花、植物、动物和一般有机体的东西。我还要进一步断言，如果在这个地方能生长出一朵花来，而且长的正是这种确定的花，那么，这就只能是由于这里具备了能够使这朵花生长所必需的一切条件。但是，把能够使这朵花生长的一切条件都这样结合起来，我还是不能解释这朵花的现实性；因此，我不得不假定还有一种特殊的、自发的、原始的自然力量，具体地说，就是有一种产生花的力量；因为一种别的自然力量在相同条件下可能产生出某种完全不同的东西。这样我就有了关于宇宙的下列观点。

如果我把一切物都看成一个整体，看成一个统一的自然，那就只有一个统一的力量；如果我把一切物都看做单个东西，那就有许多力量，这些力量按照其内在的规律发展着，体现为它们所能体现的一切可能的形态。自然中的一切对象都只不过是那些采取某种规定的力量而已。每一单个的自然力量的表现之所以都是被规定的，即变为它所是的那样，部分地是由于它的内在的本质，部分地是由于它自身以往的表现，部分地是由于与它相联系的一切其他自然力量的表现；但是，它与一切都有联系，因为自然是一个相互联系着的整体。每一单个的自然力量都是由这一切不可抗拒地规定的；只要它按照其内在本质是它所是的那样，只要它在这些情况下表现自身，它的表现就必然会有它所产生的(II，178)那种结果，并且它绝不可能与它所是的那样有丝毫不同。

自然在其持续存在的每一瞬刻都是一个相互联系着的整体；自然的每一部分在每一瞬刻都必定是它所是的那样，因为一切其余部分都是它们所是的那样；如果你不通过这不可度量的整体的一切部分去改变——也许这改变是你的眼睛所不能察觉的——某种东西，你就绝不可能移动任何一粒砂的位置。但是，这种持续存在的每一瞬刻都取决于一切过去的瞬刻，并且将规定一切未来的瞬刻；如果你不同意把全部无限的过去设想为不同于它曾经所是的那样，把全部无限的未来设想为不同于它将来所是的那样，你在当下的瞬刻就绝不可能把任何一粒砂的位置设想为不同于它现在所是的那样。要是你愿意，你可以拿你看见的这粒飞砂做个实验。假定这粒砂深入腹地更多了几步，那么，把这粒砂从海上吹来的风必定会比实际有过的风要强些。于是，决定这种风和风力的以前的气候也一定与它过去的情形不同，而且决定这种以前的气候的更以前的气候也是如此；这样无穷无尽地追溯过去，你就会得到一种完全不同于实际上有过的大气气温，会得到一种完全不同的物体性状，这种性状对气温有影响，气温对这种性状也有影响。这种气温对于土地的肥沃与贫瘠，从而间接地和直接地对于人类生命的久暂，无疑具有最决定性的影响。你怎么知道——因为我们无法深入自然的内核，所以在这里也无非是指出种种可能性——在使这粒砂更多地深入腹地所必需的那样一种宇宙气候中，你的一位祖先在产生你的直系亲属之前，不会因

为冻饿或酷热而死亡了呢？要是这样，你就根本不会存在，你现在做的或将来想做的一切也都会由于一粒砂处于另一位置而化为乌有。 (II, 179)

我自己以及我称为我的东西的一切，都是这种严格必然性锁链中的一个环节。曾经有那么一个时期——当时生存的人这样告诉我，而我自己推想，也必须承认有过这么一个时期，虽然我对它没有直接的认识——那时我还不存在，也有那么一个瞬刻，那时我已开始存在。那时我只是为他物而存在，还不是为自己而存在。从那时起，我的自我意识逐渐发展起来，我发现我自身有某种才能与天资、需求与欲望。我是一种确定的、在某个时期产生的生灵。

我不是自行产生的。要说为了使我自己存在，我在我存在之前就已经存在，那是荒谬绝伦的。我是通过在我之外的另一种力量才变为现实的。然而，除了通过普遍的自然力量以外，我还能通过什么力量产生呢？因为我本是自然的一部分。我开始存在的时间和我与生俱来的种种属性，都是由这普遍的自然力量规定的；我生来就有的这些基本属性曾经表现的一切形态，以及在我将来存在的时期它们将继续表现的一切形态，也都是由这同一种自然力量规定的。由别人代替我的产生，这是不可能的；这个从现在起产生的东西在其存在的某一瞬刻既不是其现在那样，也不是其将来那样，这也是不可能的。

我的各种不同的状态，始终伴随着意识，其中的若干状态，如思想、决断等等，看来也只不过是一种单纯意识的各个状态。这

(II,180) 种情况并不妨碍我的推理。植物要合乎规律地生长，动物要合乎目的地运动，人类要思维，这都是自然赋予它们的使命。我为什么要表示迟疑，不承认人类的思维像动物的运动和植物的生长一样，是一种原始自然力量的表现呢？除了惊奇，什么也不会妨碍我这样做；思维确实是一种自然作用，它比植物的生长发育或动物的特有运动更为高级，更为艺术；但我怎么能让那样的感情去影响一种冷静的探讨呢？当然，我无法解释这种自然力量如何能产生思想，但我难道能更好地解释自然力量如何引起植物的发育和动物的运动吗？从物质的单纯组合中推论出思维——这样的蠢事我固然不会去做，但我难道能从物质出发解释最简单的苔藓的形成吗？这些原始的自然力量一般都解释不清楚，也无法解释清楚，因为只有用这些原始的自然力量才能解释一切可以解释的事物。必须直截了当地承认，思维就像自然的形成力量一样是存在的。思维存在于自然里，因为能思维的生物是按照自然规律发生和发展的。由此可见，思维是通过自然而存在的。自然中存在着原始的思维力量，正像存在着原始的形成力量一样。

宇宙中的这种原始的思维力量，在它所能采取的一切可能的规定中前进和发展，正像自然的其他原始力量前进并采取一切可能的形态一样。我像植物一样，是发育力量的一种特殊规定；我像动物一样，是特有运动力量的一种特殊规定；除此以外，我还是思维力量的一种规定。这三种基本力量结合为一种力量，结合为一个和谐的发展，就构成我的族类的特征，正像植物族类的特征

(II,181) 在于植物仅仅是发育力量的一种规定一样。

形态、特有运动和思维在我之内不是相互依存的，而是互不

关联的；所以，我就用这种方式设想我自己的和周围的形态与运动，因为它们正是这样；或反过来说，它们之所以会这样形成，正是因为我这样设想它们。然而，形态、特有运动和思维大都直接是同一个力量的和谐发展，这个力量的表现必然成为我的族类的一种内在和谐的本质，因而我们可以称之为形成人的力量。在我之中会绝对地产生一种思想，会绝对地产生与这种思想相对应的形态，也同样会绝对地产生与这两者相对应的运动。我之所以是我，不是因为我这样思想或这样希望；我也没有这样思想或这样希望，因为我就是这样。但是，我存在和我思维，两者都是绝对的；两者是由于一种更高的根据而相互和谐的。

就像那些原始的自然力量确实是某种独立的东西，有其自身的内在规律和目的一样，只要这种力量自己支配自己，而不受某种外在的、君临于自身之上的力量的压迫，它们的那些外在现实表现也确实一定会持续一段时间，刻画出一定的变化范围。那种在发生时就立刻消失的东西，诚然不是一种基本力量的表现，而只是各种力量联合作用的结果。植物作为自然中的发育力量的一种特殊规定，会在自己支配自己的情况下，从其最初的萌芽发展到种子的成熟。人类作为自然中一切力量的联合的一种特殊规定，也会在自己支配自己的情况下，从出生一直发展到老死。植物和人类的生命的延续以及这种生命的不同规定即由此而来。

既然我是我的族类中的一员，那么，彼此和谐的这种形态、这种特有运动和这种思维，即在种种非本质变化中一切本质属性的这种持续存在，就都是属于我的。但是，在我开始存在之前，形成人的自然力量早已在各种外在条件和环境下表现出来了。正是 (II, 182)

这种外在环境决定着这种力量当下发挥作用的特殊方式，我的族类中的这样一个个人之所以恰好产生出来，其根据即在于这种特殊方式。同样的环境绝不会复返，因为在这种情况下整个自然就会复返，就会出现两个自然，而不是出现一个自然。因此，同一个曾经存在过的个人绝不可能再次产生。进一步说，在我存在的那段时间里，形成人的自然力量是在当时一切可能的环境下表现出来的。这些环境的结合，没有一个会完全雷同于**我**得以存在的那些环境的结合，否则，整个世界就会分成两个完全相同而互不关联的世界。在同一时间里，不可能存在两个完全相同的个人。因此，**我这个特定的人**必然是什么，这是已经规定了的；我之所以为我的那个规律，已经被普遍发现。我就是形成人的自然力量——这力量曾经是它过去那样，现在还在我之外是它现在那样，并且与其他相反的自然力量有这种特定的关系——**能够**变成的东西。因为这力量本身不能有任何限制自身的根据，所以，它能够变成什么，就**必然**变成什么。我之所以是我那样，是因为在整个自然的这种关联中只能有这样一个人，而绝对不可能有任何别样的人。一位有智慧的、能完全洞察自然内部的奥秘的人，会根据他对单独一个人的认识，确切地说出以前有过哪些人，将来会有哪
(II，183) 些人；通过一个人，他可以认识**所有**现实的人。我与整个自然的这种关联，就是规定我过去怎样、现在怎样和将来怎样的东西。那个有智慧的人，会根据我生存的任何可能的瞬刻，准确无误地推知我在这个瞬刻之前曾经是什么，我在这个瞬刻之后将会是什么。我现在绝对必然是我现在所是的一切，我将来绝对必然变成我将来变成的一切，我绝不可能是别样的。

我虽然极其深切地意识到我自己是一个独立的、在我生活的许多场合中自由的生物，但这个意识满可以根据前面确定的基本原则来解释，也完全可以同刚才得出的结论相协调。我的直接意识，我的真正知觉，不会超出我自己和我的规定，我仅仅直接知道我自己；除此之外我能知道的东西，我只是由推论得知的，而这种推论方式就是我刚才推出原始自然力量的方式，它无论怎样也不属于我的知觉范围。但自我，即我称为我的自我、我的人格的那种东西，并不是形成人的自然力量本身，而只是这力量的一种表现。我意识到的，只是作为我的自我的这一表现，而不是那种仅仅通过解释我自己的必然性推论出来的力量。可是，这一表现就其现实的存在来说，确实是某种从原始的和独立的力量中产生的东西，也必定会在意识中被发现是这样的东西。因此，我发现我自己是一个独立的生物。正因为这个理由，如果我生活的各个场合是我个人所享有的独立力量的表现，我就会觉得自己在这些场合是自由的；但如果由于各种外部环境——不是我个人的原始限制活动所包含的环境，而是时势造成的环境——的结合，我甚至连我本来靠个人力量完全能做到的事情都不能做，我就会觉得自己受到束缚和限制；如果这种个人力量由于另一种相反的力量占了优势，甚至不得不违背着自己固有的规律而表现自己，我就会觉得自己受到强制。 (II, 184)

如果把意识赋予一棵树，让它自由生长，长出枝条，生出它的族类所特有的叶片、蓓蕾、花朵与果实，那么，这棵树就不会因为自己正好是一棵树，并且正好属于这个族类，是这个族类中的这

个个体，而感到自己真正受到限制；它会觉得自己是自由的，因为在它的所有那些表现中，它只不过做了它的天性所要求做的事情；它也不想做任何其他事情，因为它只能希求它的天性所要求做的事情。但如果它的生长由于气候不良、营养不足或其他原因而受到抑制，它就会觉得自己受到限制和阻碍，因为它的天性中真正包含的冲动并未得到满足。如果把它的自由伸张的树枝绑在栏杆上，硬把另一棵树的树枝嫁接到它身上，它就会感到自己是在被迫从事一种活动；当然，它的树枝依然在生长，但不是朝着自己支配自己的力量所要采取的方向去生长；当然，它仍然会结果，但不是结出它原来的天性所要求的果实。**在直接的自我意识中**，我觉得自己是自由的；通过对整个自然的**思考**，我发现自由是根本不可能的；前者必定从属于后者，因为前者只能由后者加以解释。

这一学说体系使我的知性得到了多么充分的满足呵！它给我的整个知识系统引入了多么整齐的条理，多么坚实的联系，多么清楚的轮廓！现在，意识不再是自然中那种与存在联系起来就很不好理解的陌生东西了；意识本来就存在于自然中，本身就是
(II, 185) 自然所必需的一种规定。自然在它的造化的一定阶序中逐渐向上发展。在无机物中，它是一种简单的存在；在有机物中，它退回自身，以便在内部作用于自身，具体地说，它在植物中赋予自身以形态，在动物中促使自身运动；在人类这个最高级、最完善的自然产物中，它返归自身，以便直观自己和考察自己，也就是说，在人类中它仿佛加倍发展自身，从单纯的存在变成了意识与存在的结

合体。

根据这种关联，就很容易解释我必须怎样认识**我自己的存在**及其规定。我的存在和我的知识有一个共同的基础，即我的一般的本质。在我之内的存在，正因为是**我的**存在，就不会不同时认识自己。同样，我能意识到**我以外的物质对象**，这也是可以理解的。那些用自己的表现构成我的人格的力量，如发育的力量、自己运动的力量以及在我之内的思维的力量，并不是所有存在于自然中的这些力量，而只是它们的一定部分；它们之所以只是这一部分，是由于在我之外还有许多别的存在。由前者可以**测度**后者，由限制活动可以**测度**限制我的东西。因为我并不是这种或那种毕竟属于整个存在的关联的东西，所以这种或那种东西一定是在我之外；在我之内的思维的自然力量就是这样作出推论和测度的。我直接意识到我的限制活动，因为它属于我自己，也只有通过这种限制活动，我才一般得以存在；对于限制我的东西的意识，即对于那种不是我本身的东西的意识，是由前者中介的，是从前者得出来的。

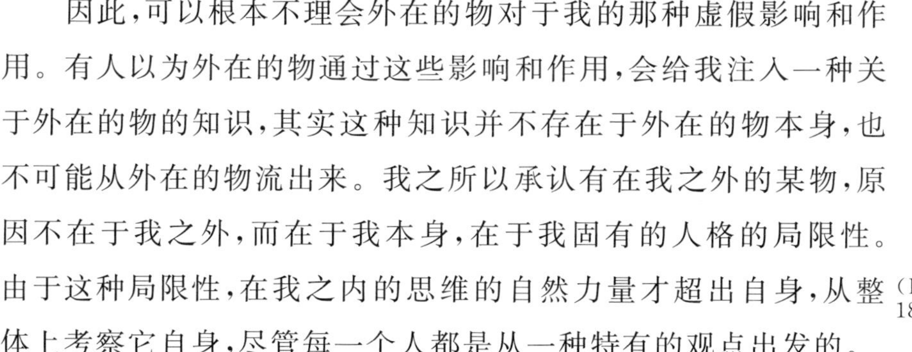

因此，可以根本不理会外在的物对于我的那种虚假影响和作用。有人以为外在的物通过这些影响和作用，会给我注入一种关于外在的物的知识，其实这种知识并不存在于外在的物本身，也不可能从外在的物流出来。我之所以承认有在我之外的某物，原因不在于我之外，而在于我本身，在于我固有的人格的局限性。由于这种局限性，在我之内的思维的自然力量才超出自身，从整 (II, 186)
体上考察它自身，尽管每一个人都是从一种特有的观点出发的。

在我心中也以同样的方式产生了关于**与我类似的思维生物**

的概念。自我或在我之内的思维的自然力量，具有一些思想，它们作为自然的一种特殊规定，被认为是从思维力量本身发展出来的，同时还具有另外一些思想，它们则被认为不是从这种力量本身发展出来的。实际情形也是如此。前者当然是我对自然中一般思维领域所作出的个人的、独特的贡献；而后者则仅仅是从前者推论出来的，并且作为这样的东西，也必定是在这一思维领域里发生的。但因为它们仅仅是推论出来的，它们就不是在我之内，而是在别的思维生物内；我由此才**推论**出在我之外还有别的思维生物。简言之，自然在我之内整个意识到它自己，但它意识到仅仅是这样的：它开始于我个人的意识，按照因果律的解释，从这个意识进展到普遍存在的意识。这就是说，自然思考着这样一些条件，只有在这些条件下，构成我的人格的这样的形态、这样的运动和这样的思维才成为可能的。因果律是一个从我之内的特殊东西到我之外的普遍东西的转化点；两类知识的明显特征，在于前者是直观，后者是推论。

在每一个人中，自然都是从一个特殊的观点来察看自身的。我称我为**我**，称你为**你**；你称**你**为我，称**我**为你；对于你来说，我在你之外，正像对于我来说，你在我之外一样。我在我之外首先领悟的，是在近处限定我的东西；你在你之外首先领悟的，是在近处限定你的东西。我们从这个点出发，通过它的下一个环节，继续前进，但我们却走着不同的道路，这些不同的道路虽然会在某些地点相交，但从不朝着同一个方向彼此靠拢。在现实中形成了种
(II, 187) 种可能的个人，因而也就形成了种种可能的意识的观点。把所有个人的这种意识集合起来，就构成宇宙对自身的完全的意识；此

外再无任何其他意识，因为只有个人才有完全的确定性和现实性。

每一个人的意识，只要它真正是我们迄今所描述的意识，它的陈述就是确实可靠的；因为这种意识是从自然的整个合乎规律的进程里发展出来的，而自然是不可能自相矛盾的。无论在哪个地方，只要有某个观念，也就必定有一个与它相对应的存在，因为观念只能与那种同它相对应的存在同时被创造出来。对每一个人来说，他的特殊意识是绝对确定了的，因为这意识来源于他的本质。谁也不可能具有不同于他所实有的那种意识，谁也不可能具有不同于他所实有的那种意识的生动程度。个人认识的**内容**取决于个人在宇宙中所处的立场，认识的**鲜明性**与**生动性**则取决于人类力量在个人身上所能表现的那种作用的大小。如果把某个人的一种单独的规定赋予自然，不管这种规定多么琐屑，不管它是一块肌肉的收缩或一丝毛发的卷曲，如果自然具有一种普遍的意识，并且能向你作出答复，那么，自然就会把这个人在其意识存在的全部时间内所能有的一切思想告诉给你。

根据这个学说体系来看，在我们意识中我们称为**意志**的那种众所周知的现象也就变得同样可以理解了。意志是对于我们的一种内在自然力量的作用的直接意识。对于这一力量的意向——这种意向由于受到对立力量的阻碍，还没有发挥作用——的直接意识，在意识中就是爱好或欲望；各种战斗力量的斗争就是犹豫不决；一种力量取胜，就是意志决定。如果具有意向的力量仅仅是我们与植物或动物所共有的力量，那么，在我们的内在 (II, 188)
本质中就发生了分裂和贬低；欲求不是与我们在物的序列中的地

位相称，而是低于这种地位，并且按照通常的说法，完全可以被称为低级欲求。如果这一趋向活动的力量是人类全体共有的力量，那么，这种欲求就与我们的本质相称，可以被称为高级欲求。一般而论，后一种力量的意向可以有充分理由称为道德律。这种力量的作用就是合乎道德的意志，由此产生的行为就是德行。那种低级力量取胜，而与高级力量不和谐，则是缺德；前者战胜后者，无视后者的反对，就是罪恶。

常胜的力量是必然胜利的；它的优势取决于宇宙的联系，因此任何个人的德行、缺德和罪恶也必然取决于这种联系。如果再把某一个人身上一块肌肉的收缩或一丝毛发的卷曲赋予自然，如果自然整个来说能够思维和作出回答，那么，它就会由此而把这个人从生到死的一切善行和恶行都向你指明。但德行并不因此就不成其为德行，罪恶也并不因此就不成其为罪恶。有德行的人秉性高尚，有罪恶的人天性卑陋与腐化，然而两者都是从宇宙联系必然产生出来的天性。

忏悔是有的，它是对我之内不断延续的人性意向的意识，这种意识甚至在被制胜以后，还带有一种因被制胜而引起的不愉快感；这是我们较高尚的天性的一种不宁静的，然而十分可贵的基础。从这种对于我们的基本冲动的意识中也产生了**良心**，良心在各种不同的个人身上的灵敏性与易感性各有不同，有的人大些，有的人小些，等而下之，以至有的人丧尽了天良。不高尚的人不能做忏悔，因为他之内的人性连对付卑鄙动机的力量都不足。赏
(II，189) 与罚是德行和罪恶的自然结果，这种结果导致产生新德行和新罪恶。我们所特有的力量，由于经常取得重大胜利而发展壮大，也

由于缺少活动或屡次失败而日益衰弱。犯罪和对罪行负责这些概念，只不过具有外在法律方面的意义。如果一个人使社会不得不采取人为外在措施，以制止他那危害公共安全的动机所发生的作用，他就是犯了罪，并应对其违法行为负责。

我的探讨结束了，我的求知欲得到了满足。我知道我一般是什么，我的族类的本质何在。我是自己规定自己的自然力量的一种表现，而这种表现是由整个宇宙规定的。要彻底了解我的特殊个人规定的**根据**是不可能的，因为我无法深入自然的内核。但我对我的这种规定却有**直接的**意识。我很清楚我在当下的瞬刻是什么，我也能大致记得我以前是什么，我还会知道我将来成为什么，如果我会是将来那种东西的话。

我不可能随心所欲，要用这种发现来指导我的行动，因为我确实完全没有行动，而是自然在我之内有行动；我也不可能一相情愿，要把自己造就成某种不同于自然业已要我注定成为的东西，因为我根本不造就自己，而是自然造就了我自己，造就了我所成为的一切东西。我可以忏悔，可以欢乐，也可以抱有良好的意愿——虽然严格说来，我连这也不能，相反地，如果一切都注定要在我身上那样发生，它们就会自然地在我身上发生——但不论通过何种忏悔，通过何种意愿，我也完全确实不能使我永远注定要成为的东西有丝毫改变。我处于严格必然性的无情威力之下；如果这种威力注定要我变成傻子或坏人，我就会毫无疑问地变为傻 (II, 190)
子或坏人；如果它注定要我变成聪明人或好人，我就会毫无疑问地变为聪明人或好人。这既不是它的过错，也不是它的功绩，更

不是我的功过。它受它自己的规律的支配，我也受它的规律的支配。在我明白了这点以后，也把我的愿望服从于这种威力，将是最令人慰藉的事情，因为我的存在完全是服从于这种威力的。

呵，这些相互矛盾的愿望！那些在我看到探讨如何结束时就使我内心不安的忧伤、厌恶和惊愕，我究竟为什么要再向自己隐瞒下去呢？我曾经神圣地向自己许诺，个人爱好绝不会影响我思考的方向；事实上，我也曾经有意识地不让它发生任何这样的影响。但我可以因此而不最后承认这探讨结果是与我最深切、最隐秘的预感、愿望和要求相矛盾的吗？尽管在我看来支持着这个考虑的证明有正确性和严格性，但关于我的生存，我怎么能相信一种与我的生存的最深根源和目的——我唯愿为这个目的而生存，没有它，我就会厌恶我的生存——有严重冲突的解释呢？

为什么我的心对于能这样完全安慰我的知性的东西要哀伤与碎裂呢？自然中没有任何东西自相矛盾，难道只有人才是一种矛盾的东西吗？或者，也许不是一般人都如此，而是只有我以及类似于我的人才如此吗？也许我应当抱着我从前有过的甜蜜幻想，处于对我的存在的直接意识范围，而永不提出关于我的存在的根据问题——这一问题的答案使我现在不幸——吗？但如果
(II, 191) 这一答案是正确的，我就**必然**会提出这一问题；在过去，不是**我**提出了这一问题，而是我之内的能够思维的自然力量提出了这一问题。我注定是个不幸的人，我徒劳地哀悼我那业已丧失了的、绝不会复返的灵魂的纯洁无邪。

但要振作勇气！让其他一切都离弃我吧，只要勇气还留在我这里。为了单纯的爱好，不论它在我内心埋得还多么深邃，不论它看来还多么神圣，我当然不会放弃由无可争议的根据得出的结论；但是，也许我在探讨中犯了错误，也许我对探讨所必须依据的材料理解得不完全，看法有片面性。我应当从相反的一端重复我的探讨；这样，我至少能得到一个进行探讨的出发点。然而，作这一决定时引起我那样强烈的反感和痛苦的东西究竟是什么呢？我希望找到代替这一决定的东西是什么呢？让我首先弄清我所诉诸的那种爱好吧！

我命中注定做聪明人和善人，或做愚蠢人和恶人，这种命运我丝毫不能改变，做前一种人我无功，做后一种人我无罪；这才是使我厌恶和惊愕的事情。我的存在以及我的存在的属性的根据是在我本身之外加以规定的，这个根据的表现又被这个根据之外的其他根据加以规定；这就是使我那样强烈反感的事情。那种并非属于我本身，而是属于我之外的异己力量的自由，那种甚至在异己力量中也只是受制约的和不完全的自由，就是使我不能满意的自由。自我本身，即我意识到是我自己和我个人的那种东西，即在这个学说体系中显得是一种更高存在的单纯表现的那种东西——我愿自己是独立的——并不是依附于另一个东西或通过 (II, 192)
另一个东西而存在的某种东西，而是为我自己而存在的某种东西；作为这样的东西，我愿自己是我的规定的终极根据。我愿自己占有每种原始自然力量在这个学说体系中所占有的地位；只有一点不同，那就是我的表现的方式不应由异己的力量来规定。我愿有一种内在的、独特的力量，它像那些自然力量一样，以无穷多

样的方式表现我自己；它恰好像它表现自己那样表现自己，因为它只能这样表现自己；但它不像那些自然力量，因为自然力量的表现恰恰是在外部条件下发生的。

那么，按照我的这种愿望，自我的这一独特力量的真正位置和中心应当是什么呢？显然，不是我的身体，因为我甘愿承认，身体即使不是就其别的属性来说，至少就其存在而言，也确实是自然力量的一种表现；同样，也不是我的感性爱好，因为我认为这种爱好是自然力量对我的意识的一种关系；这样说来，自我的这种独特力量的真正位置和中心就是我的思维和意志了。我愿按照一个自由地拟定的目的概念，自由地实现我的意志；这个意志作为绝对终极的、不由任何可能的更高根据规定的根据，首先应当推动和塑造我的身体，然后通过我的身体推动和塑造我周围的世界。我的能动的自然力量应该仅仅服从于意志的支配，除了意志之外，绝没有任何其他东西能使之运动。事情就应该这样。按照精神的规律，应有一种至善。在我找到至善以前，我自由地寻找它，在我找到它以后，我承认它是这样的东西，这是我应有的禀赋；如果我找不到它，那便是我的过失。只因为我希求至善，所以我就会要求得到至善；如果我希求某种别的东西，而不希求至善，我就会犯过错。由这种意志产生出我的行动，没有意志，我就不可能产生任何行动，因为除了我的意志以外，根本不会有任何其
(II，193) 他可能的力量引起我的行为。只有这样，我的受意志决定和支配的力量才得以干预自然。我要做自然的主人，自然该是我的仆人；我要根据我的力量来影响自然，而绝不该由自然来影响我。

这就是我的希望与要求的内容。那种使我的知性满足的探讨却完全违背了这些希望与要求。如果说，按照我的希望与要求，我应当不依赖于自然，不依赖于任何并非由我赋予我自己的规律，那么，依照那种探讨，我则是自然锁链中的一个完全确定的环节。像我期望的这样一种自由究竟是不是可以思议的？如果它是可以思议的，那么，在一种彻底的和完备的思考中是否有一些根据，它们使我不得不承认这种自由是**现实的**，并把它归于我自己，从而可以推翻以前那种探讨的结果呢？这就是问题。

我要自由，如已经指明的那样，这就意味着我自己要把自己造就成我将成为的东西。如此说来，在我成为我将成为的东西以前，为了能把我造就成这样的东西，我必定——这是最令人诧异的事情，而且乍看之下是这个概念所包含的完全荒谬的内容——在某种方面早已成为我将成为的东西；我必定具有双重存在，其中第一重存在包含着第二重存在的规定的根据。关于这个问题，如果我考察我在意志中的直接自我意识，我便会发现下述情形：我知道多种多样的行动的可能性，就像我感到的那样，我可以从中选择我愿意采取的一切行动。我历遍整个可能的行动的范围，扩大这个范围，弄清各个可能的行动，相互比较和衡量它们。最后我选择了一种可能的行动，据此确定了我的意志，并从这种意志决定产生了一种与此相应的行动。在这里，我确实是在单纯思考自己的目标的活动中，**预先**就成为我后来按照这种思考，通过意志和行动而**实际上**成为的东西；作为思维的生物，我预先就成 (II, 194)
为我根据这种思维，后来作为行动的生物所成为的东西。我自己造就成我自己：我用自己的思维造就成自己的存在，用思维本身

造就成自己的思维。我们也可以设想，在一种单纯自然力量——例如植物——表现的确定状态之前，有一个不确定性的状态，在这个状态里有内容丰富的、多种多样的规定，自然力量如果自己支配自己，就会采取这些规定。这些多种多样的、可能的东西当然是在**自然力量之内**建立起来的，是在自然特有的力量之内建立起来的，但却不是**为自然力量**而存在的，因为自然力量不能形成概念，不能进行选择，不能靠自身结束这种不确定性。把自然力量从种种可能的状态限制到一种可能状态上去的，必定正是一些外在的决定根据，自然力量本身是不能把自己限制到这一种状态上去的。在自然力量里，自然力量的规定不能在这些规定存在以前就发生，因为自然力量只能有一种被规定的方式，而这种方式是按照自然力量的现实存在采取的。因此，我在上文不得不断言，任何力量的表现都必须从外部得到其完备的规定。毋庸置疑，那时我想到的，只是这些完全通过存在表现出来而不能有意识的力量。上述论断丝毫不加限定，对于这些力量也完全适用；但对于理智力量来说，这个论断则没有根据，因此，把这个论断也推广到理智力量上，就似乎太冒失了。

我在上面要求的自由，只有在理智力量里才可以思议，而这种自由在理智力量里也无疑是这样的。即使在这种前提下，人也同自然一样，是完全可以理解的。我的身体和我在感性世界中活动的能力，也像在上述系统中一样，是有限的自然力量的表现；我的天然爱好就是这种表现对我的意识的关系。对那种不借助于我的力量而存在的东西的单纯认识，正像在前一系统中一样，是在自由的这种前提下发生的；到此为止，两种系统是一致的。但按前一系统说——在这里开始了两种学说体系的抗争——我的感性活动的能力仍在自然支配之下，不断地受着自然力量的推 (II, 195) 动，由自然力量产生出来，并且在这种情况下，思想也不过是到处旁观而已；按当前系统说，这种能力一旦存在，就受着一种超乎整个自然之上的、完全摆脱自然规律的力量的支配，而这种力量就是目的概念的力量，意志的力量。思想已不再单纯旁观，而是从自身产生出行动本身。在前一系统里，存在着外在的、我无法看见的力量，这些力量结束了我的犹豫不决，把我的活动和我对自己的活动的直接意识——我的意志——限制到一个点上，正如植物的那种不由自身确定的活动受到限制一样；而在当前系统里，则存在着自我本身，他不依赖于一切外在力量的影响，摆脱了这种影响，结束了他的犹豫不决，并根据他在自身自由地得出的对于至善的认识，来决定他自己。

我应当采取这两种意见中的哪一种呢？我是自由和独立的呢，还是我在我自身什么也不是，而只是一种异己力量的表现呢？我刚明白，两个论断当中没有一个是论据充分的。就第一个论断而言，除了它的单纯可思议性以外，它毫无所说；就第二个论断而言，我把一个在自己范围内本身完全正确的原理推广得超过了它的真正根据所能达到的范围。如果理智力量是自然的单纯表现，那么，我把这个原理推广到理智力量上，就是做得完全正确的。但理智力量是不是这样，却正是问题。要回答这个问题，就得从其他原理作出推论，而不是在开始探讨的时候就预先假定一个片面的答案，又从这个答案得出我自己最初已经放入其中的结论。

简言之，这两种意见没有一种是能用论据证明的。

直接意识也同样解决不了这个问题。无论是在普遍必然性
(II, 196) 系统中决定我的那些外在的力量，还是在自由系统中我借以自己决定自己的这个为我所固有的力量，我都永远无法意识到。因此，不论我接受两种意见中的哪一种，我之所以永远接受它，全然是因为我已经接受了它。

自由的系统满足我的心灵，相反的系统则戕害和毁灭我的心灵。冷漠地、死板地站在那里，只是旁观各种事件的交替；当一面呆滞的镜子，反映各种瞬息即逝的形象——这种生活我实在不能忍受，我鄙弃它，诅咒它。我要爱，我要把自己沉湎于同情中，领略人间甘苦。对我来说这种同情的最高对象就是我自己，在我这里我能不断借以实现这种同情的唯一方式就是我的行动。我要尽力把一切做好；当我做得对时，我要高兴，当我做得不对时，我要忧伤；甚至这种忧伤对我也是甜蜜的，因为这种忧伤是对我自己的同情，是改善未来的保证。只有在爱中才有生活，没有爱，便是死亡和毁灭。

但相反的系统却冷酷地、狂妄地行事，嘲笑这种爱。如果我听从了这种系统，我就不会存在，不会行动了。那时，我衷心爱慕的对象就是一个幻影，一个有待于具体指明的大幻象。代替我的存在和行动的，是一种异己的、我完全不认识的力量；这种力量如何发挥出来，与我毫不相干。我怀着衷心的爱慕和善良的意志，羞愧地站在那里；使我赧颜的是，我认为是我的至善，唯愿为之而生存的东西，竟被当做一种可笑的蠢事。我的最神圣的东西受到了众人的嘲笑。

毫无疑问，正是对于这种爱的爱，正是对于这种兴趣的兴趣，才使我在开始那种令我现今受窘和绝望的探讨以前，曾经无意识地和直接地把自己视为自由的和独立的；毫无疑问，正是这种兴趣才使我把这样一种意见补充为信念，这种意见除了主张其自身的可思议性与其反面的不可证明性以外，就没有任何内容；也正 (II, 197)
是这种兴趣，至今都制止了我试图继续弄清我自己和我的能力的行动。

那种相反的系统虽然单调无味，冷酷无情，但在解释事物方面却力量无穷；它甚至能解释我对自由的这种兴趣，解释我对相反的意见的这种厌恶。凡是我能从我的意识里找出根据来反对它的一切，它都能够解释；每当我说事情如此这般时，它总是以同样单调无味和泰然自若的态度回答我说："我也作如是说，但此外我还要告诉你事情之所以必然如此的根据。"对我的一切抱怨它会这样回答我："当你说起你的心灵、你的爱和你的兴趣时，你是站在你的自我的直接意识的观点上的；当你说你自己是你所关心的最高对象时，你自己就承认了这一点。我们毕竟知道，并且在上文已经分析过，你所这样热忱关心的这个你，尽管不是你特有的内在天性的活动，至少终究还是你特有的内在天性的**冲动**；如所周知，任何一种冲动既然确实是冲动，则都返回自身，促使自己采取活动；这样我们就可以理解，为什么这种冲动在意识中必定表现为爱，表现为对于自由独特活动的兴趣。但如果你从自我意识的这个狭隘观点，移到你原来答应采取的那个通观整个宇宙的更高观点，你就会明白，你称为你的爱的东西，其实不是你的爱，而是一种异己的爱，是原始自然力量在你之内对

于保持其自身为这种力量的关切。你以后切勿再诉诸你的爱了，因为即使这种爱能另外证明某种东西，在这里甚至于它的前提也是不正确的。你不要爱你自己，因为你根本不存在；正是你之内的自然力量关心其自身的保存。你早已无可争议地承认，虽然植物有一种生长和发育的独特冲动，但这种冲动的特定作
(II, 198) 用仍然取决于一些在植物之外存在的力量。如果在刹那间赋予这植物以意识，它就会觉得自己对这种生长的冲动有兴趣和爱好。要用理性根据使植物确信：这种冲动本身不能完成任何事情，相反地，冲动表现的程度总是取决于冲动之外的某种东西；植物也许恰好会说你刚才说过的话；植物会采取一种对植物可以原谅，但对你就不可容忍的举止方式，因为你是一种高级的、思考整个自然的自然产物。”

对于这种观念我能表示什么异议呢？要是我同意它的根据，同意这种驰名的通观宇宙的观点，我无疑会面红耳赤，哑口无言。所以，问题在于：我应该根本采取这种观点呢，还是囿于直接自我意识的范围之内呢？应该使爱隶属于知识呢，还是使知识隶属于爱呢？后者在有理智的人们当中声誉不好，前者会使我陷于难以形容的困境，因为它会使我自己毁灭自己。我不能采取后一立场而又不使自己显得轻率与愚蠢，我也不能采取前一立场而又不自己毁灭自己。

我不能总是犹豫不决；我的全部宁静和我的全部尊严都有赖于对这个问题的回答。我又同样不可能给自己作出决断；我绝对没有任何根据，既不拥护前者，也不拥护后者。

多么不堪忍受的摇摆不定和犹豫不决的状态呵！由于我的

生活的最美好、最勇敢的决断，我竟然落入这步田地！什么力量能把我从这一境地拯救出来呢？什么力量能把我从我自身拯救出来呢？

(II, 199)

第二卷　知识

愤懑与恐惧折磨着我的心。我诅咒那白天的来临，这白天把我唤向生命，而生命的真谛与意义却使我怀疑。夜晚，我从那令人不安的梦境中惊醒。我焦急地寻求一线光明，好让我摆脱这怀疑的迷津。我寻找呵，寻找呵，却总是更深地陷入迷宫。

有一次，约莫午夜时分，我看见我面前走来一个奇怪的形体，它对我说："可怜的凡人呵！——我听它说——你一再作错误的推论，还自以为聪明哩。

"你在那些可怕的形象面前发抖，其实这些形象都是你经过艰苦努力才给你自己创造出来的。你要鼓起勇气，变得真正聪明。我没有给你带来任何新的启示。我所能告诉你的，你早已知道，如今你只需把它回忆起来就是了。我不会欺骗你，因为你自己会承认我完全正确；要是你终究还是受骗，那就只是你自己欺骗自己。你要鼓起勇气；听我说的，回答我的问题。"

我振作起了勇气。这勇气诉诸我自己的知性。我要敢于这样做。这勇气不能向我贯注任何思想；我所要思考的东西，必须由我自己思考，我所要接受的信念，必须由我自己创造。

"奇怪的精灵！"我呼喊道，"不管你是什么，你说，我愿意听；你问，我愿意答。"

精灵："你认为这些对象也好，那些对象也好，实际上都存在于你之外吗？" (II, 200)

我："对，我当然这样认为。"

精灵："那你怎么知道它们存在呢？"

我："我看见它们，我在伸手触摸它们时就触摸到它们，我能听到它们的声音；它们通过我的一切感官向我显示出来。"

精灵："诚然如此！不过，也许你以后会把你看见对象、触摸到对象和听到对象这个论断收回。目前我想暂且照你说的那样去说，好像你真的通过你的视觉活动、触觉活动等等知觉到了对象——不过，也仅仅是**通过**你的视觉活动、触觉活动和你的其他外部感官而已。或者，事情并非如此？除了通过感官之外，你还通过别的途径知觉吗？除了你看见或触摸到某个对象以外，它对你还存在吗？"

我："绝对不能。"

精灵："因此，可知觉的对象之所以对你存在，只是由于你的外部感官的一种属性；你知道它们，只是由于你知道你的视觉活动、触觉活动等等的这种属性。你说'对象在我之外存在'，这句话是以你看见对象、听到对象、触摸到对象等等为依据的。"

我："这正是我的意思。"

精灵："但是，你究竟又怎么知道你看见、听到和触摸到呢？"

我："我不明白你的意思，你的问题在我看来甚至是古怪的。"

精灵："我想把这个问题说得更容易理解一些。——你能又看到你的视觉活动，又触摸到你的触觉活动吗？或者说，你还有一种特殊的高级感官，借助于这种感官你才知觉到你的外部感官

及其属性吗？”

我：“绝对没有。关于我在看和触摸，关于我看见和触摸到的

(II, 201) 东西，我都是直接知道的；在这类东西存在时，我知道这类东西，并且因为这类东西存在着，就不必借助和通过另一种感官。——因此，你的问题对于我显得是古怪的，因为它好像怀疑意识的这种直接性。”

精灵：“这不是我提问的用意；我的提问只想促使你自己把这种直接性解释清楚。那么，你对于你的视觉活动和触觉活动都有一种直接意识吗？”

我：“有。”

精灵：“我说的是你**的**视觉活动和触觉活动。这样说来，你是视觉活动的主体和触觉活动的主体；当你意识到你的视觉活动时，你意识到**你自己的**规定或变化形态吗？”

我：“毫无疑问。”

精灵：“你对你的视觉活动、触觉活动等等有意识，因此你能知觉对象。可是，假使没有这种意识，难道你就不能知觉它了吗？如果你不知道你在看或听，难道你就不能凭视觉或听觉认识对象了吗？”

我：“绝对不能。”

精灵：“因此，对你自己和你自己的规定的直接意识也许是一切其他意识的唯一条件；只有在你知道‘你知道某种东西’时，你才知道这种东西。在前一种意识中不包含的东西，在后一种意识中也不可能出现。”

我：“是的，我想是这样。”

精灵：“你知道对象存在，只是由于你看见对象、触摸到对象

等等，而你知道你在看和触摸，只是由于你正好知道这一点，由于你直接知道这一点。凡不是你直接知觉的，你就根本知觉不到了吗？”

我：“我看是这样。”

精灵：“在任何知觉中，你首先只知觉到你自己和你自己的状态；凡不包含在这种知觉中的，那就根本知觉不到了吗？”

我：“你是在重复我已经承认的事情。” (II, 202)

精灵：“如果我担心你对这一点还没有彻底了解，还没有把它不可磨灭地铭刻在你的心中，我就会不厌其烦地用各种方式重复这一点。你能说你意识到外在对象吗？”

我：“确切地说来，我绝不能这样说。因为我借以把握物的视觉活动和触觉活动等等，并不是意识本身，而只是我首先最直接意识到的东西。严格地说来，我只能说我意识到了**我对物的视觉活动和触觉活动**。”

精灵：“切不可再忘记你现在清楚地懂得了的东西。**在任何知觉中，你只知觉到你自己的状态**。”

“但是，我还要继续用你的语言来说话，因为这种语言对你是熟悉的。你说过你看见、触摸到和听到这些东西。那么你是用**什么方式**，即用何种属性看见或触摸到它们的呢？”

我：“我看见这对象是红的，那对象是蓝的；要是我触摸它们，我就会感到这是光滑的，那是粗糙的，这是冷的，那是热的。”

精灵：“那么，你知道这红、蓝、光滑、粗糙、冷、热意味着什么吗？”

我："无疑我知道这意味着什么。"

精灵："你可不可以把它给我描写一番呢？"

我："那是不能描写的。你看，把你的目光转向这对象；当你看着这对象时，你通过视觉感知的，我称之为红；触摸这对象的表面，你所感到的，我称之为光滑。我就是用这样的方式得到这类知识的，再没有别的方法可以获得这类知识。"

精灵："但是，我们就不能至少从某些已经由直接的感觉得知
(II, 203) 的属性，通过推论，发现与它们不同的其他属性吗？例如，如果某个人已经见过红色、绿色和黄色，但没有见过蓝色，已经尝过酸味、甜味和咸味，但没有尝过苦味，他就不能单凭思考与比较，不看或不尝这类东西，而懂得什么是蓝色，什么是苦味吗？"

我："断然不能。凡属感觉事实的东西，只能加以感觉，而不能加以思考；它不是推导出来的东西，而是完全直接的东西。"

精灵："奇怪！你自夸有知识，可是你又不能向我解释你是怎样得到这知识的。你看，你说对象的这种属性是要看的，另一种属性是要触摸的，第三种属性是要听的；照这样说，你必定会把视觉活动和触觉活动区别开，会把这两者和听觉活动区别开，是这样吗？"

我："没有疑问。"

精灵："你还说这对象看着是红的，那对象看着是蓝的；这对象摸着是光滑的，那对象摸着是粗糙的；照这样说，你必定能把红和蓝区别开，把光滑和粗糙区别开，是这样吗？"

我："没有疑问。"

精灵："如你刚才保证的，你不是通过你对自己内部的这些感

觉的思考和比较而知道这样的区别的。但是，你也许是在比较**你之外的各个对象**时，根据它们的红色或蓝色，表面光滑或粗糙，知道你**在你自己内部**一定会感到什么是红色的或蓝色的，什么是光滑的或粗糙的，是这样吗？”

我：“这不可能；因为我对于对象的知觉开始于我对于我自己的状态的知觉，前者受后者制约，而不是相反。我区别各个对象，只是由于我能区别我自己的各个状态。我能知道，这种特定的感觉可以由‘红色’这个完全任意的符号来表示，另一种特定的感觉可以由‘蓝色’、‘光滑’与‘粗糙’这类符号来表示；但我不能知道，各种感觉本身是有区别的，也不知道它们是如何区别的。我之所以知道它们有区别，只是由于我知道我自己，我感觉到自己，以及在这两种情形下我感觉到自己不一样。至于它们**怎么**有区别，我 (II, 204)
无法描写出来；但我知道，它们的不同正像我的自我感觉在两种情形下不同一样；而感觉的这种区别是直接的，绝不是间接得到的、推导出来的。”

精灵：“你可以不依赖于有关这些物的任何知识而区别它们吗？”

我：“我**必定**会不依赖于这种知识而区别它们，因为这种知识本身不依赖于那种区别。”

精灵：“那么这种区别是直接通过单纯的自我感觉给予你的？”

我：“正是这样。”

精灵：“但这样一来，你就应该满足于下列说法：我觉得自己是以这样一种方式感受影响的，这种方式我叫做红的、蓝的、光滑的、粗糙的。你应该把这些感觉只归于你本身,而不应该把它们转移到完全在你之外的对象上去,把那种毕竟只属于你自己的形态变化的东西冒充为这种对象的属性。”

“或者,你告诉我:当你认为一个对象看着是红的,摸着是光滑的时候,你除了以一定方式觉得自己受到影响以外,是否还知觉到其他更多的东西?”

我:“从上面所说的,我已经清楚地了解到,除了你所说的以外,我确实没有知觉到更多的东西;把那种只存在于我之内的感觉转移到我之外的某种东西上去——这毕竟是我无法避免的——我自己现在觉得是最奇怪的事。”

“我在我自身感觉,不是在对象中感觉,因为我是我自己,不是对象;所以,我感觉到的只是我自己和我的状态,而不是对象的状态。如果确有关于对象的意识,那它至少不是感觉或知觉——这是很清楚的。”

(II,205) 精灵:“你的结论下得太快了。让我们从各方面来考虑这个问题,以便令我确信,你对你现在甘愿承认的东西永不食言。”

“那么在对象中,是否像你平常设想的那样,除了它的红色、光滑表面等等以外,简言之,除了你通过直接的感觉所得到的一些特征以外,还有别的东西呢?”

我:“我以为是有的;除了这些属性以外,还有一种包含这些属性的东西,即这些属性的承担者。”

精灵:“那么,你是通过什么感官知觉到这些属性的承担者呢?是你看见它、触摸到它、听到它呢?还是另有一种知觉它的特殊感官？”

我：“没有，我想我是看见它和触摸到它的。”

精灵：“真的？让我们来详细地考察这一点吧！你是在任何时候都意识到你的一般视觉活动呢，还是始终只意识到一种特定的视觉活动呢？”

我：“我无论在什么时候总是只有一种特定的视觉。”

精灵：“在对象方面这特定的视觉是什么呢？”

我：“是红色的视觉。”

精灵：“这红色是某种实证的东西，是一种单纯的感觉，是你自己的一种特定状态。”

我：“这一点我已经理解。”

精灵：“所以，你应当看到这红色像数学上的点一样，简直是单纯的，而且你看到它也只能是这样。至少这红色在**你**之内，作为你的感受，显然是单纯的、特定的状态，它没有任何组合成分，我们只能把它描述为数学上的点。你是这样认为，还是另有看法？”

我：“我得承认你是对的。”

精灵：“可是现在你把这单纯的红色扩展到广阔的平面上，而这平面你肯定**没有见到**，因为你只见到**单纯的红色**。你怎么能知道这平面呢？”

我：“这当然是奇怪的。可是，我以为我已经找到了解释。我 (II, 206)
的确没有看到这平面，但当我把手伸到它上面时，我就能**感觉到**它。在进行这种触觉活动的同时，我的视觉始终没有变。所以，我把这红色扩展到我始终在**看同一红色**时所**触摸到**的整个平面上。”

精灵：“假使你真的感觉到了这平面，那或许会是这样。但让我们来看一看这是否可能。你不是从来都不一般地感觉吗？你不是感觉你的感觉，因而也意识到这种感觉吗？”

我：“绝不这样。每种感觉都是特定的感觉。我从来不单纯地看、触摸或听，而总是看、触摸或听某种特定的东西，例如看红、绿、蓝色，触摸冷、热、光滑、粗糙，听提琴声、人声等等。——关于这个问题，我们就到此结束了吧。”

精灵：“好！照这样说，在你说你触摸到平面时，你只是直接感觉到光滑、粗糙或类似的属性吗？”

我：“当然。”

精灵：“这种光滑或粗糙毕竟也像红色一样，是单纯的东西吗？是寓于你这个感觉者中的一个点吗？我刚才根据一种道理问你，你为什么把单纯的触觉扩展到平面上，现在我要根据同样的道理问你，你为什么又以同样的态度对待单纯的视觉？”

我：“但这个光滑的平面也许不是在所有点上都同样光滑的，而是在每一点上光滑程度不尽相同。尽管我缺乏明确地相互分辨这种不同程度的技能，也没有文字符号来记载与标明这些不同的程度，但我还是无意地区分了它们，把它们相互并列起来，这样我就形成了一个平面。”

精灵：“你能否在同一未分割的瞬刻有相反的感觉？或者说，以相互抵消的方式得到感受？”

(II, 207) 我：“绝对不能。”

精灵：“为了解释你所不能解释的东西，你想假定那些不同的光滑程度;它们既然是各不相同的,不就是在你之内先后相继发生的相反感觉吗?”

我:“这一点我不能否认。”

精灵:“那你就应当把这些不同的光滑程度,按照你实际感觉到它们的那样,视为同一个数学点先后相继发生的变化,就像你在别的情况下实际做的那样;但绝不要把它们彼此并列起来,视为一个平面上很多点同时具有的属性。”

我:“我明白这一点,我也发现我的假定说明不了什么东西。但我用以触摸对象和遮盖对象的那只手,本身就是一个平面,所以我知觉到这对象是平面,是比我的手更大的平面,因为我能在它上面把这只手铺好几倍。”

精灵:“你的手是个平面吗?你怎么知道它是平面呢?你一般是怎样意识到你的手的呢?你要么用你的手去感觉某种别的东西,因而手就是工具,要么你用你的身体的另一部分去感觉你的手本身,因而手就是对象,除此以外,还有别的方法意识到你的手吗?”

我:“没有,没有别的方法了。我是用我的手去感觉某种特定的东西,或用我的身体的另一部分去感觉我的手。我对我的手没有直接的、绝对的一般感觉,正像没有一般的视觉活动或触觉活动一样。”

精灵:“现在,我们就来考察以你的手为工具的情形,因为这种情形也决定着另一种情形。——在这种情形下,直接知觉中除了属于感觉的东西以外,除了把你自己,在这里特别是把你的手表象为触觉主体、感觉主体的东西以外,不可能再有任何东西。

要么你感觉的是同一的东西，那我就不明白你为什么要把这单纯 (II, 208) 的感觉扩展到某种**能感觉的平面**上，而不满足于一个能感觉的点；要么你感觉的是不同的东西，那你就是**先后相继地**感觉同一个东西，而我也不明白你为什么不把这些感觉表象为在同一个点内是相互连续的。——你把你的手看做一个平面，正像你一般认为一个平面存在于你之外一样，是令人费解的。所以，当你还没有说明第一种情形以前，暂且不要用第一种情形来说明第二种情形。——当你的手或你身体的无论哪一部分，本身是感觉的对象时，第二种情形是很容易根据第一种情形加以判断的。你借助于现在作为感觉主体的你的身体的另一部分，来感觉你的身体的这一部分。对于你的身体的那另一部分，我可以提出像我刚才对你的手所提出的同样的问题，而你对这样的问题也像对那样的问题一样，不能给我作出回答。”

“关于你的眼睛的平面以及你的身体的每一平面，情况也是如此。虽然对你之外的广延性的意识可以开始于对你自己的广延性——物质躯体——的意识，而且可以受后者的制约，但这样一来，你就必须首先解释你的物质躯体的这种广延性。”

我：“够了，现在我已经清楚地看到，我既没有看见和触摸到物体属性中的平面广延性，也没有通过任何其他感官把握这种广延性；我看到，我的经常不变的做法就是把那种在感觉中本来只是一个点的东西**扩展到平面上**，把我本来应当视为**先后相续**的东西**相互并列**起来，因为在单纯的感觉中绝没有相互并列的状态，而只有先后相续的状态。我发现，我采用的方法实际上很像几何学家让我构造他的图形的方法，把点延伸为线，把线延伸为面。

我很奇怪我怎么会这样做。”

精灵：“你还做了更多的、更奇怪的事情哩。当然，你在物体上假定的这类表面，你既不能看见和触摸到，也不能用任何感官 (II, 209) 知觉到；但在一定的意义上我们却可以说，你在**这个表面上**看见红色或触摸到光滑。但后来你甚至延伸这个表面，把它延伸为数学上的物体，正像你刚才承认你把线延伸为面那样。你还假定在物体表面的背后有物体的一个现实存在的内部东西。那就请你告诉我，你难道能在这个表面的背后看见、触摸到或以任何感官知觉到某种东西吗？”

我：“绝对不能；这个表面背后的空间，我是不能看见的，不能触摸透的，也是不能为我的任何感官所知觉的。”

精灵：“你毕竟承认这样一种内部东西是你根本不能知觉到的了。”

我：“我承认这一点；因此我更加奇怪了。”

精灵：“你所想象的表面背后的东西究竟是什么呢？”

我：“噢，我想象的是某种类似于外表的东西，某种可以感觉的东西。”

精灵：“我们必须明确弄清这一点。——你能把你想象的那种构成物体的物质分割开吗？”

我：“我能把它无限分割下去，当然不是用工具来分割，而是在思想中分割。没有任何可能的部分是最小的部分，以致它似乎不能再加以分割。”

精灵：“你这样分割下去，会达到你能设想其本身——我说其本身，是指除了你的感官所能知觉到的东西以外——不再可以知觉、看见、触摸等等的某个部分吗?”

我:“绝对不会。”

精灵:“物体是一般地可以看见、可以触摸的呢,还是只有靠诸如颜色、光滑、粗糙等等特定的属性才可以看见、可以触摸呢?”

我:“最后一种情形。绝不存在一般地可以看见或可以触摸的东西,因为绝不存在一般的视觉活动或触觉活动。”(II,210)

精灵:“这样说来,你是把感受性,而且是把你所固有的、你所熟悉的感受性——对颜色的可见性、对光滑或粗糙的可触性等等——推广到整个物质里去了;而这种物质本身无论在什么地方,也无非是一种可以感觉的东西本身罢了。你是这样认为,还是另有别的看法?”

我:“绝对没有别的看法。你所说的,可以从我刚才已经看到和承认的东西中推论出来。”

精灵:“然而,你现在实际上在这个表面背后没有感觉到任何东西吗?你过去也没有在它背后感觉到任何东西吗?”

我:“假使我能看透这个表面,我会感觉到的。”

精灵:“可见,这是你预先知道的。你说你在无限分割中绝不会碰到绝对不可感觉的东西,这种分割你过去从来没有进行过吗?你也不会进行吗?”

我:“我不会进行这种分割。”

精灵:“所以,你是在一种你实际具有的感觉上虚拟了另一种你不曾具有的感觉吧?”

我:“我只感觉到我置于表面上的东西;我虽然感觉不到表面背后的东西,但我还是假定那里有可以感觉的东西。——是呵,我必须承认你正确。”

精灵:“实际的感觉会有一部分同你这样预言的感觉一致吗?”

我:“假使我能看透物体的表面,如我所预言的那样,我就确实会在表面背后发现某种可以感觉的东西。——是呵,我必须承认你也在这一点上正确。”

精灵:“然而,你所说的有一部分是某种超乎感觉的东西,而这种东西是根本不可能在任何实际知觉中出现的。”

我:“我说,我对物体的物质作无限分割,毕竟永远不会碰到一个本身不可感觉的部分,因为我毕竟认为我不可能把物质分割到无限。——是呵,我必须承认你也在这一点上正确。”

精灵:“由此可见,在你的对象中除了可以感觉的东西,即除 (II, 211) 了作为属性的东西以外,就没有留下任何东西;你把这种可以感觉的东西推广到连续的、无限可分的空间中,因此,你所寻找的那个物的属性的真正承担者也许就是这个物所占据的空间吧?”

我:“尽管我不能安于这种说法,而在心里觉得,除了这种可以感觉的东西和空间以外,我应当设想对象还有某种他物,但是我无法对你指出这个他物,所以我只得向你承认,直到目前为止,除了空间本身以外,我还没有发现任何承担者。”

精灵:“你要永远承认你恰好现在看到的东西。目前还存在的不清楚的东西会渐渐变得清楚,不熟知的东西会渐渐变成熟知的。但空间本身是不会被知觉的;你不理解你是怎样获得空间这个概念,怎样把可以感觉的东西扩展到它当中去的吗?”

我:“是这样。”

精灵:“你也同样不理解你怎么会一般地承认在你之外有可以感觉的东西吧?因为你毕竟只是知觉到在你之内的、你自己的感觉,但这种感觉并不是物的属性,而是对你自己的感受。”

我:“是这样。我清楚地看到,我只知觉我自己,只知觉我自己的状态,而不是知觉对象;我也清楚地看到,我并没有看见、触摸到、听到对象,倒不如说,恰恰是在应该有对象的地方,一切视觉活动、触觉活动等等都结束了。”

“但我有一种预感。感觉作为对我自己的感受,绝不是延伸的东西,而是单纯的东西;不同的感觉不是在空间上相互**并列**的,而是在时间中**先后**相续的。但我毕竟还是把它们扩展到了空间中。也许正是由于这种扩展,并且与这种扩展直接相关,那种本

(II,212)来只是感觉的东西就对我变成了一种**可以**感觉的东西吧?也许正是这个点产生了对于在我之外的对象的意识吧?”

精灵:“你的预感也许会应验。但是,即使我们直接把它奉为信条,我们也总是得不到完整的理解,因为总会留下有待回答的更高问题:你究竟是怎样才把感觉扩展到空间中去的?因此,让我们就来立即讨论这个问题,而且我们是——我有我这样做的理由——更概括地用下列方式讨论这个问题:你一般是怎样用你的意识——这只直接是对于你自己的意识——超出你自己的?你又是怎样给你所知觉的感觉附加上你所不曾知觉的被感知和可感知的东西的?”

我:“甜或苦、香或臭、光滑或粗糙、冷或热,在物上都表示这样一种味觉、嗅觉和这样一种触觉在我之内引起的东西。声音的

情形也是如此。这总是标志着对我的一种关系，我绝不会想到这甜味或苦味、香味或臭味等等存在于物之内；它们是存在于我之内，而且我认为仅仅是由物引起的。虽然视觉的情形看来不一样，例如颜色，它似乎不是纯粹的感觉，而是一种中介物；但如果我仔细考虑这一情形，那红色和其他颜色也同样是一定的视觉在我之内引起的东西。这就使我了解到，我一般是怎样认识在我之外的物的。我有感受，这我绝对知道；我的这种感受必定有一个基础，这个基础不在我之内，因此一定在我之外。我就是这样迅速地、无意识地作出推论的；我设定了这样一个基础，即**对象**。这 (II, 213)
个基础一定是这样一个基础，根据这个基础，恰好这个特定的感受可以得到解释；我是以我称之为甜味的方式有感受的，因此对象也一定属于那类引起甜味的对象，或者说得更简单些，对象本身是甜的。我就是这样获得对象的**规定**的。”

精灵：“尽管你所说的不是关于这个题目应该说出的全部真理，但可能有几分真理。事情到底怎样，我们到适当时候无疑会知道的。然而，因为你在其他场合全然无可争议地依照因果律——你刚才作出论断说，某种东西（在这里即你的感受）一定有一个基础，我想把这个论断称为因果律——给你杜撰出几分真理，因为你如我所说的，在其他场合是无可争议地依照因果律这么做的，所以，仔细研究这种做法，完全弄清楚你采用这种做法时实际做些什么，就不会是多余的事情了。如果我们暂时假定你的解释完全正确，假定你一般是用一种无意识的由果到因的推论方法，才承认一种物的，那么，你意识到是你的知觉的那个东西是什么呢？”

我:“是我以一定方式得到感受的东西。”

精灵:“可是,对你所感受的东西你并没有意识到吧? 至少没有意识到是一种知觉吧?”

我:“绝对没有,我早已向你承认了这一点。”

精灵:“那么,你是借助于因果律,在你已有的知识上设定了另一种你所没有的知识?”

我:“你说的话怪稀奇的。”

精灵:“也许我能使你打消这种稀奇感。不过,不管我这话可能使你有什么看法,你都要让我把它向你说明。我说这话的作用无非是让你在你内心中产生一种像我在我内心中产生过的想法,而不是供你当做照着去说的规范来使用。一俟你坚定而清楚地
(II, 214) 掌握了这个想法,你愿意怎么说出它,就怎么说出它,愿意用各种不同的方式表达它,就这么表达它;你反正没有问题,总会把它很好地表达出来的。

“那么,你是怎样和用什么方式知道对于你自己的那种感受的呢?”

我:“我很难用言词作出自己的回答。因为就我一般是理智力量而言,我的意识作为主观的东西,作为我的规定,是与这种作为其**被意识的东西**的感受直接有关的,因而不可分割地联系在一起的;因为只有就我对于这样一种感受有认识而言,我一般才有意识,而我对**这样一种感受**有认识,正如我一般对自己有认识一样。”

精灵:“可见你仿佛有一种感官,即意识本身,你是借助于这种感官而知觉到自己的感受本身的吧?”

我:“是的。”

精灵:“但你就没有你借以知觉对象的一种感官吗?”

我:“自从你使我确信我既没有看见和触摸到对象,也没有用任何外部感官知觉到对象以来,我发现自己不得不承认绝没有任何这样的感官。”

精灵:“你要好好考虑这一点。也许人家会责备你,说你向我承认了这一点。那么,你的一般外部感官究竟是什么呢?如果它既不涉及外部对象,也不是感知外部对象的感官,你怎么能称它是外部的呢?”

我:“我渴求真理,对于人家会责备我什么,我并不在乎。我所以能**区别**绿色、甜味、红色、光滑、苦味、香味、粗糙、提琴声、臭味和号角声,只是因为我确实区别了它们。我在某一方面把这些感觉中的若干感觉完全**等同**起来,正如我在其他方面把它们完全区别开一样;这样,我就感觉到绿与红、甜与苦、光滑与粗糙等等彼此是等同的,而这种等同性我感到是视觉、味觉、触觉等等活动。视觉、味觉等等活动,本身诚然不是实际的感觉,因为正像你 (II, 215)
前面已经指出的,我从来都不一般地看或尝,而总是看见红色或绿色等等,尝到甜味或苦味等等。视觉、味觉等等不是**实际感觉的更高规定**,而是我把这些实际感觉分成的种类,不过这种类不是随意的,而是以直接感觉本身为向导的。因此,无论在什么地方,我绝不把视觉、味觉等等看成是**外部感觉**,而只把它们看做是**内部感觉对象的特殊规定**,看做是我自己的感受的特殊规定。它们是怎么对我成为外部感觉的,或更确切地说,我怎样会把它们看成这样和这么称呼它们,这正是现在的问题。我曾经承认我没

有知觉对象的感官，这个说法我仍不收回。”

精灵：“不过，你在谈到对象时，似乎你实际上知道它们，而且有一种认识它们的感官，是这样吗？”

我：“是的。”

精灵：“按照你以前的假定，你是**根据你实际具有的知识**这样做的；为此，你有一种感官，而且是为了获取这种知识。”

我：“是这样的。”

精灵：“你的实际知识，即关于你的感受的知识，对你说来仿佛是一种不完全的知识，按照你的主张，它必须用另一种知识来补充。你想象这另一种新知识，描绘这另一种新知识，但不是把它当做你实有的知识，因为你根本没有这种知识，而是把它当做在你的实有知识之上你还应该真正获得的知识，假使你有获得这种知识的感官，你或许已经获得了这种知识。你好像是这样说的：关于物我当然什么也不知道，但物毕竟是存在的；只要我能发现它们，它们就会被发现。你想象另外一种实际上你所没有的感官，把它用在物上，借以把握物——不言而喻，永远只是在思想中把握。严格地说，你没有**关于物的意识**，而是只有**关于物的一种**
(II, 216)（当然的和必然的，虽然不属于你的）**意识的意识**（正是由你的实际意识中用因果律推论出来的）。现在你会看到，你的确是根据你的假定，在你实有的知识上添加另一种你所没有的知识。”

我：“我得承认这一点。”

精灵：“从现在起，我们将把这第二种由别的知识得来的知识称为**间接**知识，而把那第一种知识称为**直接**知识。某一个学派把我们刚才在一定程度上描绘的方法叫做综合；所谓综合，你在这里至少不要仅仅想象为两种业已在结合之前存在的环节的**结合**，而是要想象为把一种全新的、通过结合才产生的环节**结合**和**附加**到另一种原先存在的、不依赖于结合的环节上去。”

“总之，一俟你发现了你自己，你就发现了第一种意识，而没有第一种意识，你也不能发现你自己；第二种意识是你由第一种意识创造出来的。”

我：“不过**从**时间上**看**，第二种意识不是在第一种意识之后产生的，因为我是在意识到我自己的同一个未分割的瞬刻意识到物的。”

精灵：“我根本没有说时间上的顺序，相反地我想的是，要是你以后思考这种关于你自己和关于物的未分割的意识，把这两者区别开，并探究它们的联系，你就会发现，后者是受前者制约的，并且只有假定前者存在，后者才被设想为可能的，而不是相反。”

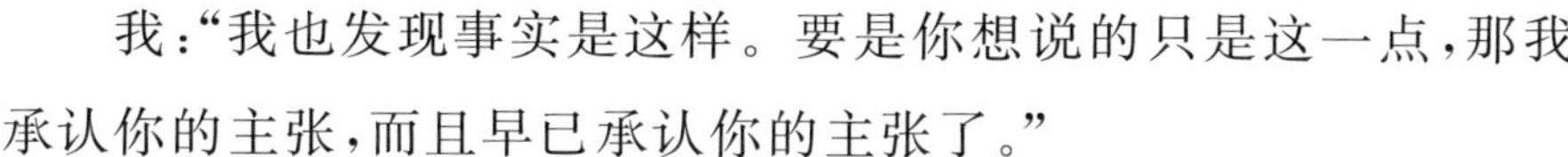

我：“我也发现事实是这样。要是你想说的只是这一点，那我承认你的主张，而且早已承认你的主张了。”

精灵：“我说，你创造了第二种意识；你是用你的心灵的实际 (II, 217)
活动创造它的，还是你发现不是这样？”

我：“当然，在这一点上我已经间接地承认了你的主张。一俟我发现我自己，我就给我发现的意识添加了另一种我根本没有在我之内发现的意识；我仿佛补充了我的实际意识，使我的实际意识增长一倍，这无论如何是一种活动。但我总是情不自禁地做一种尝试，或者是想撤回我的承认，或者是想取消我的整个假定。当我形成一种普遍概念时，或者说，当我在种种可疑的情况下从摆在我面前的各种可能的行动方式中选择一种行动方式时，我作为心灵诚然意识到我的心灵的活动，也就是说，我知道这类事情；但是，我按照你的主张借以产生对我之外的对象的观念的那种活动，我却根本没有意识到。”

精灵：“你不要因此而被弄糊涂。只有你经过一种摇摆不定、犹豫不决的状态，你才会意识到你的心灵的活动。这种摇摆不定、犹豫不决的状态你同样也是意识到的，并且是由你的这种活动所结束的。在我们的情况下并没有发生这种犹豫不决的状态；心灵不必先考虑自己应当把什么对象附加到自己的特定感觉上，这是自然而然的事情。我们在哲学用语上也有这种区分。我们如实意识到的心灵活动，叫做**自由**；不具有行动意识的活动叫做单纯的**自发**。你要好好注意，我绝不是使你觉得能直接意识到这样的活动，我只是使你认识到，如果你对这种情况加以思考，你就会发现必然有一种活动。更高的问题是，到底是什么东西使这样的犹豫不决的状态，使对于我们的行动的意识没有发生；这个问题无疑将在以后得到解决。”

“我们把你的心灵的这种活动叫做**思维**；思维这个词汇，征得(II, 218)了你的同意，我也一直使用到现在。我们还说，思维与那种作为单纯感受的感觉不同，是自发地产生的。从你以前的假定来看，你是**怎样**给你确实具有的感觉还虚拟了一种你毫无所知的对象的呢？”

我：“我假定我的感觉一定有一个根据，然后我就由此作出推论。”

精灵：“你愿意不愿意首先告诉我这个根据是什么吗？”

我："我发现某种东西已经是这样或那样规定了的。但我不能只以知道它现在这种状况为满足；我以为，它之所以成为现在这样，不是由于它自身，而是由于一种异己的力量。这种使它成为这样的异己力量就包含着根据，这种力量由以使它成为这样的表现就是物的这种规定的根据。说我的感觉有一个根据，即意味着这感觉是由一种异己力量在我之内引起的。"

精灵："你给你所直接意识到的你的感觉虚拟了这种异己力量，这样就在你那里产生了关于对象的观念，是这样吗？姑且就算这样。"

"现在你要好好注意，如果感觉必定有一个根据，那我承认你的推论是对的，也理解你有什么充分理由假定在你之外的各个对象，尽管你对它们毫无所知，也不能知道。但你怎么知道感觉必定有一个根据呢？你想怎样向我证明这一点呢？或用你前面表述因果律的一般方式来说，为什么你不能只以知道某物现在这样为满足呢？为什么你要假定它是变成这样的呢？或者，如果我想向你了解这一点，为什么你假定它是通过一种异己力量变成这样的呢？我发觉，你不过是始终假定这种情况而已。"

我："我承认这一点。但我实际上不能不这样设想。这好像是我直接知道似的。"

精灵："你说这是你直接知道的，当我们回过头来把你这个回答作为唯一可能的回答加以研究时，我们就会看到它可能意味着什么。不过，我们现在首先要试验一切其他可能的方法，以便我 (II, 219)
们能够得出某种东西必定有一个根据这个论断。

"你是通过直接知觉知道这一点的吗？"

我:“我怎么能呢?因为知觉往往只说明在我之内有某种东西,真正说来,就是只说明我是怎样被规定的,而不是说明这个东西是变成的,更不是说明它是通过一种在一切知觉之外存在的异己力量变成的。”

精灵:“或者,这是你通过考察你之外的物——你总是在这些物之外寻找其根据——而形成并提高为普遍性的一个原理吗?这是你现在也应用于你自身和你的状态的一个原理吗?”

我:“不要把我当小孩看待,不要把明显的荒唐事硬加在我身上。我通过因果律才得出在我之外的物,我怎么又能通过这些在我之外的物得出这个因果律呢?难道地球是在大象上,而大象又在地球上吗?”

精灵:“或者,这个因果律是从另一个普遍真理推出的一种定理吗?”

我:“这样的普遍真理既不能用直接知觉来证明,也不能用对外物的考察来证明,而且对它的起源你又会提出别的问题。——这种假定的基本真理我也只能直接得知。最好是我就因果律来立刻谈谈这种真理,而不对你的推测作出判断。”

精灵:“姑且就算这样。那么,除了通过对于我们的状态的感觉而得到第一种直接知识以外,我们还获得关于普遍真理的第二种直接知识。”

我:“看来是这样。”

精灵:“这里说的特殊知识,即你的感受必定有一个根据,是完全不依赖于对物的认识吗?”

我:“当然;只有通过这种特殊知识才能获得对物的认识。”

精灵："你在你自身绝对具有这种知识吗？"

我："绝对具有；因为只有通过这种知识，我才超出我自身。" (II, 220)

精灵："那么，你是由你自身，通过你自身，再通过你的直接知识，把规律赋予存在及其联系的吗？"

我："如果我好好考虑一番，那么，我只是把规律赋予我关于存在及其联系的观念。选用这个说法，较为稳妥。"

精灵："姑且就算这样。那么，除了你按照这规律行事的方式之外，你还以另一种方式意识到这规律吗？"

我："我的意识是从感觉我的状态开始的；按照因果律，我把关于对象的观念直接与我的意识联结起来；这两者，即对于我的状态的意识和关于对象的观念，不可分割地联结在一起；**在它们之间**绝没有任何意识，**在**这一个不可分割的意识**之前**绝没有任何其他意识。——不，在我按照这规律行事之前，我不可能意识到这规律，除了我按照这规律行事的方式之外，我也不可能以其他方式意识到这规律。"

精灵："这么说，你是按照这规律行事的，而没有以特殊方式意识到它；你是直接地、绝对地按照它行事的。但你刚才说，你已经意识到这规律，并且把它表述为普遍原理。你是怎样得到这种特殊意识的呢？"

我："无疑是这样的：我后来考察自己，我确认我是这样行事的，并把我的做法中的这种共同东西概括为普遍原理。"

精灵："可见你是能意识到你的做法的？"

我："毫无疑问，可以意识到。我猜到了你提这些问题的用意。在这里有上面提到的第二种直接意识，即关于**我的行动**的意识，而感觉则是第一种直接意识，即关于我的受动状态的意识。”

(II，221) 精灵：“正确。我说，你事后可能通过对你自己的自由考察，通过对你自己的思考，意识到你的做法；但你不一定会意识到它，因为一俟你只是内在地行动，你就不会直接意识到它。”

我：“但我必定原来会意识到它，因为我在感觉的同时，也直接意识到关于对象的观念。——我找到了问题的解决：我直接意识到自己的行动，只不过它不是作为这样一种行动由我意识到的，而是作为一种既定的行动呈现于我的。这种意识就是关于对象的意识。此后，我可以通过自由思考，也把它作为一种行动加以意识。”

“我的直接意识由两个因素构成，一个因素是对于我的受动状态的意识，即感觉，一个因素是对于我的行动的意识，即对于依据因果律创造对象的意识，这后一种意识是直接与前一种意识相连接的。关于对象的意识不过是一种关于我创造对象的观念的意识。虽然它还不被认为是这样的意识。我之所以知道这种创造，全然是由于我自己是创造者。所以，一切意识都不过是直接的意识，都不过是对我自己的意识，因而现在都是完全可以理解的。你看我的推论正确吗？”

精灵：“妙极啦！不过，你用以陈述你的原理——如这里的因果律——的必然性与普遍性是从何而来的呢？”

我：“来自这样一种直接的感觉，那就是：我既然有理性，就非这样做不可，任何在我之外的理性生物既然是理性生物，也都非这样做不可。一切偶然的东西——在这里是指我的感受——都有一个根据，这就意味着：我向来都设想一个根据，而每一个只要思想的人，也同样不得不设想一个根据。”

精灵：“由此可见，你看到一切知识都只是关于你自己的知识，你的意识从不超出你自己，凡你认为是关于对象的意识的东西，都无非是关于你建立对象的意识，而这种意识是你按照你思维的内在规律，与感觉同时必然完成的。” (II, 222)

我：“你大胆地继续推论吧！我不想妨碍你，我甚至于帮助过你去发展你打算作的推论。但现在严肃地说，我要撤回我的整个这样的假定，即认为我借助于因果律就可以承认在我之外的物；一俟这个假定使我们犯了明显的错误，我就从内心里撤销了这个假定。”

“这样，我也就只是意识到我之外的一种单纯的力量，而且是把它作为一种单纯想象的东西加以意识的，这就像我在自然里为了解释磁现象而设想磁力，为了解释电现象而设想电力一样。”

“但是，我觉得我的世界并不是这样一种单纯的思想，也不是关于一种单纯力量的思想。我的世界是某种有广延的东西，这种东西完全是可以感觉的东西，不是像力量那样，只有通过其表现才可以感觉，而是其自身就可以感觉；这个世界不像力量那样产生属性，而是具有属性；我以完全不同于我意识到单纯思维的方式，在内心里意识到我对这个世界的理解，我觉得这种理解就是知觉，尽管事实已经证明它不是知觉；我很难描述这类意识，也很难把这类意识与其他种类的意识区分开。”

精灵：“虽然如此，你还得试作这样一种描述，否则我不会理解你，我们对这个问题就永远搞不清楚了。”

我:“我要设法给我开辟一条作出这种描述的途径。精灵,我请求你,要是你的感官同我的一样,那就把你的眼睛盯在我面前(II,223)的红色对象上,毫无成见地信赖由此产生的印象,暂时忘却你原先的推论,然后请你坦白地告诉我,这时你心中发生了什么。”

精灵:“我可以完全设身处地,想到你的感官活动的方式;否认任何单纯实际存在的印象,也不是我的目的。不过请你告诉我,你预料我心中会发生什么。”

我:“你直接看一眼,就没有看见和把握到这平面——我说的是**平面**——吗?这平面不是突然完全存在于你面前吗?你在上面说过,你不是甚至在极其遥远的地方,也都以极其模糊的方式,意识到这样一个单纯的红点延伸为一条线,这一条线又延伸为一个平面吗?事后你才分割这个平面,想到它的各个点和线。你和每一个毫无成见地考察自己的人,就不会不管自己以前的推论如何,肯定和坚持你们实际上**见到了**一个平面,**见到了**一个这样或那样有色的平面吗?”

精灵:“我承认你所说的一切;我在考察自己时,发现自己恰好像你描述的那样。”

“但是,首先你不要忘记,我们的目的并不是像在人的思想日记里那样,要把意识中发生的东西都彼此叙述一番,相反地,我们的目的是要从联系中考虑意识的各种现象,用一种现象解释和推论另一种现象。因此,你的任何考察——当然,它们不会被否认,而是必须加以解释——都不能推翻我的任何一个正确的推论。”

我:“我绝不会忽视这一点。”

精灵:“那么,你就不要因为对你之外的物体的意识——这种意识你还无法称呼——同你的实际知觉有明显的相似性，而忽视在它们之间也毕竟存在的重大差别。”

我：“我正要指出这种差别。二者当然都表现为直接的意识，而不表现为学习到的或创造出来的意识。但感觉是关于**我的状** (II, 224)
态的意识。关于物的意识——它首先绝对与我无关——则不是这样。我知道它**存在着**，仅此而已；它同我没有关系。如果说在感觉中我像一曲柔和的乐调，它不时改变形式，受到挤压，那么，在关于物的意识中我则像一面镜子，各个对象在它面前只是匆匆过去，它本身并未因而有丝毫变化。”

“但这种区别对我有利。更不必说，我好像有一种关于在我之外的存在——我说的是**存在**——的特殊意识，这种意识完全不依赖于我对我的状态的感觉，因为这种意识同感觉有种类的不同。”

精灵：“你的考察很好；只是不要急于下结论。”

“如果我们已经同意的东西仍然是真理，而你只能直接意识到你自己，如果这里所说的意识不是对于你的受动状态的意识，更不是对于你的活动的意识，那么，这意识就不会是关于你自己的**存在**的一种仅仅没有得到承认的意识吗？就你是**能知的**或理智力量而言，这意识不会是关于你的存在的意识吗？”

我：“我不理解你的意思，但再帮助我一下吧，因为我希望理解你的意思。”

精灵：“那我就必须要求你全神贯注，因为我不得不在这里比以往谈得更深入，并详细追溯过去讲的东西。”

“你是什么呢？”

我："用最概括的语言回答你的问题，我就是自我，就是我自己。"

精灵："对这样的回答我很满意。当你说'自我'时，这意味着什么？'自我'这个概念包含着什么内容？你是怎样得到这个概念的？"

(II, 225) 我："关于这一点，我只能用对比来说明。**物**应该是在我这个能知者之外的某种东西。**我**就是能知者本身，是与能知者同一的。这样，关于物的意识就产生了一个问题：既然物不能认识自己，怎么会产生关于物的知识呢？既然我自己不是物，也不具有物的任何规定——因为物的这一切规定只在物本身的存在范围之内，而绝不是在我的存在范围之内——怎么会**在我之内**产生对于物的意识呢？物是怎样深入到我之内的呢？在作为主体的我与作为我的知识客体的物之间有什么联系？但关于我对**我自己**的意识就不存在这种问题。我在我自己内部就具有知识，因为我是理智力量。我是什么，我**知道**，因为我就是那样；我之所以直接知道我是那样，是由于我根本存在着，**我**之所以是那样，是因为我直接知道我是那样。这里绝不需要主体与客体的联系；我的固有的本质就是这种联系。我既是主体，又是客体，而这种主客同一性，这种知识向自身的回归，就是我用**自我**这个概念所表示的东西，如果我在这里所想的完全是某种确定的东西。"

精灵："如此说来，主体和客体这两者的同一也许就是作为理智力量的你的本质？"

我："是的。"

精灵："那么，这种同一——它既不是主体，也不是客体，而是为两者奠定基础，两者才由此得以产生——你能把握和意识到吗？”

我：“绝对不能。**能意识者**与**所意识者**表现为两类不同的东西，这正是我的一切意识的条件。我不能设想另一种意识。在我认识自己时，我认识到自己是主体**和**客体，而这两者是直接结合起来的。”

精灵：“你能意识到这不可理解的统一体分裂为主体和客体的那一瞬刻吗？”

我：“我怎么能意识到呢？因为只有随着它们的分裂，通过它们的分裂，我的意识才成为可能的，因为真正说来，正是我的意识本身分裂了它们。而在这种意识之外，绝不存在任何意识。” (II, 226)

精灵：“那么，一俟你意识到你自己，这种分裂也许就是你在你之内必然发现的东西吧？**这种分裂**也许就是你本来的原始存在吧？”

我：“是这样的。”

精灵：“那么这分裂的根据是什么呢？”

我：“我是理智力量，我在我自身之内具有意识。这分裂既是意识的条件，也是意识的结果。因此，它像意识一样，在我自身之内有其根据。”

精灵：“你说，你是理智力量，这至少是现在的问题所在；你就是作为这样的客体的你。所以，你的知识是作为客观的知识呈现在你自己面前的，又是作为主观的知识呈现和浮现在你的知识面前的，当然，你没有能意识到这种呈现。”

我：“是这样。”

精灵:“那么,对于在意识中出现的主观东西与客观东西的特征,你就不能作出一些更准确的说明吗?”

我:“主观东西就形式而言,但绝不是就特定内容而言,表现为在它自身包含着意识的根据。意识、内部观照和概念得以存在的根据在主观东西本身;就正好这个东西被观照到而言,主观东西取决于客观东西,主观东西跟随着客观东西,仿佛是被客观东西拖着走的。相反地,客观东西则在它自身包含着它的存在的根据,它是自在自为地存在的,它是如其所然存在的,因为它已经就是这样。主观东西表现为客观东西的受动的和静止的镜子,客观东西浮现于主观东西面前。主观东西映现客观东西,其根据在主观东西本身;正是这个东西而不是其他东西在主观东西中被映现出来,其根据则在客观东西方面。”

精灵:“那么,整个主观东西按其内在本质来说,就可能恰好具有像你在上面关于在你之外的存在的意识所特别描述过的那种性状?”

(II,227) 我:“真是这样,而且这种一致是引人注目的。我开始半信半疑地察觉,关于不受我的影响而在我之外发生的存在的表象源出于我的意识的内在规律,而且这种表象归根到底只能是关于这些规律本身的表象。”

精灵:“为什么只是半信半疑呢?”

我:“因为我还不明白为什么就内容而言恰好产生出这样一种表象,即产生出一种关于在连续空间中得到延伸的物质的表象。”

精灵:“你早已明白,这毕竟只是你的一种感觉,你把它扩张到了空间里；你已经猜想到，你的这种感觉正是由于它在空间中的延伸，而能变为**可感觉的东西**。因此，我们现在似乎只需要考察空间本身，只需要根据单纯的意识来阐明空间的起源。”

我：“是这样的。”

精灵：“那就让我们来试试看。我知道，如果你的理智活动**依然原始地、不变地停留在统一体上**，依然处在你的理智活动的存在开始时的状态，而且那种存在不同时被消灭，这种状态也就不会被消灭，那么，你是不会意识到你的这样的理智活动的，并且我也不认为你有这样的意识。但是，如果你的理智活动在这个不变的统一体的范围里，**由一种可变状态**过渡到**另一种可变状态**，你就能意识到你的理智活动。如果你现在做这件工作时，把你的理智活动呈现在你面前，那么，你的理智活动，你的心灵的这种内在活力会怎样向你表现出来呢？”

我：“我觉得，我的精神能力是在内部反复运动的，由一点迅速过渡到另一点——总之，它像一条**线的延伸**。一个特定的思想构成这条线上的一个点。”

精灵：“为什么恰好像一条线的延伸呢？”

我：“关于我不超越我自己的存在，就不能超越其范围的那个东西，难道我还得说明理由吗？事情本来就是这样。” (II, 228)

精灵：“因此，你的意识的**特殊活动**就是这样向你表现出来的。可是，你那种**并非后天产生，而是先天遗传下来的一般知识**——一切特殊思维都不过是这种知识的更新或进一步规定——是以什么形象向你表现出来的呢？”

我：“显然是表现为这样一种形象，在这种形象中人们可以向一切方向画出线和标出点，也就是说，它表现为空间。”

精灵：“现在你会完全明白，某种毕竟由你自身产生的东西怎样会向你表现为一种在你之外的存在，甚至必然会表现为这样。”

“你已经深入到关于你之外的物的表象的真正起源。这表象不是知觉，因为你只知觉你自己；它也不是思想，因为物并不向你表现为一种单纯思想的东西。它实际是，而且确实是对你之外的存在的绝对直接的意识，就像知觉是对你的状态的直接意识一样。不要让诡辩家和半吊子哲学家迷惑你，说什么物不是通过自己的体现者表现给你的；你是直接意识到现实存在与可能存在的物的，除了你所意识到的东西以外，绝不存在任何其他的物。你自己就是这种物；你自己由于你的本质的最深刻的根据，由于你的有限性，而被确立在你自己面前，被抛射到你自身之外；你在你之外所见到的一切，总是你自己。我们已经把这种意识恰如其分地叫做直观。我在一切意识中直观我自己，因为我就是自我，对于主观的东西，对于能意识的东西说来，这个意识就是直观。而客观的东西，即所直观与所意识的东西，同样也是我自己，是同一个作为能直观的东西的自我，不过这时它是以客体的形式浮现在主观东西面前的。从这方面看，这意识就是一种对我所直观的东西的能动透视，就是一种从我自己出发，对我自己所作的由里到外的窥视，即用我所固有的唯一行动方式——观照，从我自己出发，把我自己袒露出来的活动。我是一种活生生的视觉活动。我
(II, 229) 观看，这就是意识；我观看到自己的视觉活动，这就是被意识。”

“因此，这物对于你的心灵的眼睛来说是完全透明的，因为物就是你的心灵本身。你在一切知觉之前，就把物的各种可能形式

以及这些形式的关系加以区分、限制和确定。无怪乎你总是仅仅由此限制和确定你的知识本身，这知识你无疑是知道的。这样，对物的知识就成为可能的了。不过，这种知识既不在物中，也不来源于物。这知识来源于你，因为这知识存在着，并且是你的固有的本质。”

“绝不存在任何外部感官，因为绝不存在任何外部知觉。可是，却存在一种外部直观，不过它不是关于**物**的直观。相反地，这种外部直观，这种在主观东西之外浮现于主观东西的**知识**，本身就是物，除此以外，就再没有任何其他的物可言。通过这种外部直观，甚至知觉和感觉也被视为外在的。我绝没有看见或触摸到平面，但我却直观到自己对平面的视觉或触觉活动，这种情形永远确实无误，因为它是已经被证明了的。照亮的、透明的、可感的、可入的空间，即我的知识的最纯粹的形象，是看不见的，但可以直观到，而且**在这种形象中**还可以直观到**我的视觉活动本身**。光不是在我之外，而是在我之内，我本身就是光。我曾经问过你，你是怎样知道你的视觉、触觉等等的，你一般是怎样知道你的感觉的；你已经作了回答，说你是直接知道它们的。现在，你或许能向我更精确地说明对你的感觉的这种直接意识了吧！”

我：“这种直接意识一定是双重性的。感觉本身就是一种直接意识；我**感觉到**我的感觉。但从感觉绝不会产生关于存在的任何认识，而只会产生对于我自己的状态的感觉。可是，我原来并 (II, 230)
不单纯是能感觉的，而且也是能直观的，因为我不**单纯**是一种实践生物，而且也是一种理智力量。我也**直观**我的感觉，因此从我自身以及我的本质也产生了**关于存在的认识**。**感觉**转化成为**可**

感觉的东西；我的感受，诸如红色、光滑等等，转化成为在我之外的红色、光滑之类的东西，而这类东西以及对这类东西的感觉，我是在空间中直观到的，因为我的直观本身就是空间。这样也就可以明白，为什么我以为我看见或触摸到了平面，但实际上我既没有看见平面，也没有触摸到平面。我只是把我的视觉或触觉活动直观为看见或触摸一个平面的活动罢了。”

精灵：“你已经很理解我，或真正说来，你已经很理解你自己。”

我：“但要是这样，物对于我来说，不管我察觉到还是没有察觉到，就不是按照因果律，通过推论产生的；相反地，物是直接浮现在我面前的，是不经过任何推论，直接出现在我的意识面前的。我不能像刚才说的那样，认为感觉会转化为可感觉的东西。这样的可感觉的东西在意识中是预先存在的。意识并不开始于我的感受，诸如红色、光滑等等的感受，而是开始于我之外的某种红色、光滑之类的东西。”

精灵：“假如你得向我解释，这红色、光滑之类的东西是什么，那么，你除了说这是以一定方式——你称之为红的、光滑的等等——使你感受的东西以外，还能作出别的回答吗？”

我：“当然可以，假如你向我提问，而我也一般愿意讨论你的问题，并试图作出解释。可是，原先谁也没有向我提问，而我自己也不向自己提问。我完全忘却了我自己，而使自己沉湎于直观中；我所意识到的，完全不是我的状态，而只是在我之外的存在。

(II, 231) 红色、绿色等等都是物的属性；物是红的或绿的，仅此而已。物不能再进一步加以解释，正像按照我们以前的约定，物作为感受不能再进一步加以解释一样。这种情形在视觉中最为明显。颜色是在我之外表现出来的，而人的知性要是听其自然，不再对自己深思，就很难把红色或绿色解释成一种在人的知性之内引起一定感受的东西。”

精灵：“这是毫无疑问的；但甜味或酸味也能这样加以解释吗？在这里我们不需要研究由视觉产生的印象一般是不是纯粹的感觉，或者说，它是不是一种处于感觉和直观之间的中介物，是不是在我们心灵中把两者联结起来的手段。但我完全同意你的说法，而且对你的说法极其欣赏。你当然会使你自己沉湎于直观，而且在不特别注意你自己，或不特别关注某种外在行动的情况下，你甚至使自己自然而然地沉湎于直观中。那些主张对我们之外的物有所谓意识的辩护士，当我们向他们指出借以推论这类物的因果律本来就在我们之中的时候，就是援引了这个说法。这样，他们就否认了任何这样的推论都是作出来的。当他们说的是在一定情况下的实际意识时，对于这个说法我们也一定不想与他们争论。但是，当我们根据理智力量固有的规律向他们解释直观的本性时，这些辩护士自身仍然作出这样的推论，并且不厌其烦地重复着说，在我们之外终究一定会有某种东西，它使我们不得不恰好这样设想。”

我：“你现在不要因此而激动，还是指点指点我吧。我没有任何先入之见，而是只想追求真理。”

精灵：“然而，直观是从对你自己的状态的知觉中必然产生的，只不过像你早已凭推论发现的那样，你并非总是清楚地意识 (II, 232)

到这种知觉。甚至在你使你自己沉湎于客体的意识中，也总是有某种东西，这种东西只有通过对你自己的不知不觉的思考，通过对你自己的状态的精细观察，才有可能意识到。”

我：“那么，无论在什么时候和什么地方，对于在我之外的存在的意识都会伴随着对我自己的不知不觉的意识吗？”

精灵：“正是这样。”

我：“前者会取决于后者；——实际上是这样吗？”

精灵：“我想是这样。”

我：“你向我指明这一点，我才满意。”

精灵：“你只笼统地把各个物设定到空间中呢，还是把每个物都设定为充实空间的一定部分呢？”

我：“是后一种情形；每个物都有其一定的大小。”

精灵：“但在你看来，不同的物占据着空间的同一部分吗？”

我：“绝对不是这样；它们是相互排斥的。它们彼此并列，上下相叠，前后相继；它们或者靠我更近，或者离我更远。”

精灵：“但你是怎样得知它们在空间中的这种度量和排列的呢？是凭感觉吗？”

我：“这怎么可能呢？因为空间本身绝不是感觉。”

精灵：“或者是靠直观？”

我：“这也不可能。直观是直接的和确实无误的。直观所包含的东西不表现为创造出来的，它不会骗人。但在随便估计、度量和考虑一个对象的大小、它的距离以及它相对于其他对象的位置时，我可能弄错。每一个开始直观的人都知道，最初我们看见
(II, 233) 所有的对象排列在同一条线上，我们首先得学会估计它们的远

近;小孩抓取远距离的对象,仿佛它直接就在他的眼前似的,而天生的盲人一旦有视觉,也会这样做的。所以,距离观念是一个判断;它绝不是直观,而是知性对我的各种不同的直观所进行的调整。我也可能在估计大小、远近方面发生错误;所谓的视差完全不是视觉的错误,而是关于一个对象的大小、对象各部分的相对大小、由此产生的对象的真正形状以及这个对象同我和其他对象的距离所作的错误判断。在一般空间中,当我直观对象时,对象是实际存在的,我在对象上看见的颜色同样是我实际看见的,这里不会发生什么错觉。"

精灵:"那么,这个判断的原则该是什么呢?就拿最明确、最易懂的情况来说,判断对象远近的原则该是什么呢?你该根据什么来估计这种距离呢?"

我:"无疑是根据在其他方面类似的印象的强弱。在我面前我看到两个具有同一种红颜色的对象。一个对象的颜色我看得比较清楚,它离我较近;另一个对象的颜色我看得比较模糊,它离我较远,而且它的颜色我看得越模糊,它就离我越远。"

精灵:"由此可见,你是根据印象的强弱程度来判断对象的距离的;可是这种强弱本身你又是怎样判断的呢?"

我:"很明显,只有我注意我的这样的感受,同时还注意这些感受中最细微的差别,我才能判断印象的强弱。——你胜过我了!对于我之外的对象的一切意识,都取决于我对我自己的状态的清晰与准确的意识,在这种意识中,常常可以作出一种从我之内的结果到我之外的根据的推论。"

精灵:"你认输认得太快了,我现在不得不设身处地,站在你

(II, 234) 的位置上，继续进行反对我自己的争论。我的证明毕竟只适用于这样一些情况，在这些情况下发生了关于对象的大小、距离与位置的真正估量和考虑，并且你意识到你在作这样的估量和考虑。然而你会承认，这可不是通常的情形，倒不如说，你大部分是直接在你意识到对象的一个未被分割的瞬刻，同时意识到对象的大小、距离等等的。”

我：“如果对象的距离在某个时候可以仅仅根据印象的强弱加以判断，那么，这种迅速的判断也不过是过去多次估量的结果。我以我毕生的工夫学会了迅速观察印象的强弱，并据以判断对象的距离。正是以前通过劳作已经用感觉、直观和原先的判断所组合成的东西，构成了我现在的观念的出发点，而我意识到的也只是现在的这种观念。我不再一般地把握在我之外的红色、绿色等等东西，而是把握**在这个或那个距离上的**，或**其他距离上的**红色或绿色；不过，这个最后附加的解释只是**以前经过考虑作出的判断的单纯重复**而已。”

精灵：“那么，对于你是直观还是思考你之外的物，还是两者兼而有之，两者各有多大程度，你现在不是同时已经弄清楚了吗？”

我：“完全弄清楚了；我认为，我现在已经完全认清了关于在我之外的对象的观念的起源。”

“1. 我之所以绝对意识到我自己，是因为我是自我，具体地说，这个自我部分地是实践生物，部分地是理智力量。第一种意识是**感觉**，第二种意识是**直观**，即无限的空间。”

“2. 我不能把握无限的东西，因为我是有限的。因此，我用思

维在一般的空间中划出一定的空间,使一定的空间与一般的空间 (II,235)
有某种关系。"

"3.这个有限空间的尺度就是我自己的感觉的规模;这是根据我们可以设想和这样表述的原理而来的:凡以如此这般的规模使我得到感受的东西,都在空间里与其他使我得到感受的东西一定有如此这般的关系。"

"物的属性起源于对我自己的状态的感觉;物所充实的空间则起源于直观。思维把两者联结起来,前者被转交给后者。当然,这正如我们前面已经说过的那样,是这样的:本来只是我的状态的东西,被设定于空间,因而对我说来成了物的属性。但它被设定于空间,并不是靠直观,而是靠思维,靠能度量、能调整的思维。这种活动不应该看做是思维的一种发现或创举,而应该仅仅看做是对感觉和直观不依赖于思维所提供的那种东西的精确规定。"

精灵:"凡以如此这般的规模使我得到感受的东西,都应该被置于如此这般的关系中;这是你在空间中限制和调整对象时所作的结论。但你说某个东西以一定规模使你得到感受,这个论断不是以假定这个东西一般能使你得到感受为基础吗?"

我:"无疑是这样。"

精灵:"但关于不以这种方式在空间中加以限制和调整的外部对象,可能有任何观念吗?"

我:"不能;因为没有一个对象一般地存在于空间,而是每个对象都存在于一个特定的空间。"

精灵:"因此,不论你意识到与否,每个外部对象事实上都被看做是能使你得到感受的，因为它被看做是占据着一定的空间的。”

我：“当然会得出这样的结论。”

(II, 236) 精灵：“哪类观念是关于使你得到感受的东西的观念呢？”

我：“显然是思维，即以前面研讨过的因果律为依据的思维。我现在更明确地看到，关于对象的意识仿佛是以两种方式附加到我的自我意识上去的，一种是直观，一种是以因果律为依据的思维。不管看来多么奇怪，对象具有两重性：它既是我的意识的直接对象，又是推论出来的东西。”

精灵：“诚然，这两者是在不同的方面。然而你一定能意识到关于对象的这种思维吗？”

我：“无疑能意识到；虽然我通常没有意识到它。”

精灵：“这样说来，像你以前根据因果律描述思维那样，你是在想象中把一种在你之外的活动附加到了在你之内的受动状态、即你的感受上的吗？”

我：“是的。”

精灵：“而且具有与你以前描述的同样的意义，同样的效力。你就是这样想的，而且一定是这样想的；你不能改变这个想法。除了这样想以外，你就不会再知道什么东西吗？”

我：“正是这样。所有这一切我们都早已通盘分析过了。”

精灵：“我说，你设想出了对象；既然它是设想的东西，那它就仅仅是你思想的产物吗？”

我：“当然；因为这是从以上所述推论出来的。”

精灵：“可是，这个设想的对象，这个按照因果律推论出来的对象是什么呢?”

我:“是一种在我之外的力量。”

精灵:“这种力量你既没有感觉到,也没有直观到吗?”

我:“绝对没有。我总是清楚地意识到,我根本没有直接把握它,而是仅仅通过它的表现把握它的,虽然我认为它有一种不依 (II, 237)
赖于我的存在。我设想,我得到感受,所以,终究一定会有某种使我得到感受的东西。”

精灵:“因此,不论怎样,被直观的东西与被设想的东西是两种颇为不同的东西。真正直接浮现于你面前,并且在空间中得到扩张的东西,是被直观的东西;这种东西中的内在力量根本不浮现于你面前,而你仅仅是通过推论断定其存在,这种内在力量就是被设想的东西。”

我:“你说,被直观的东西中的内在力量;我现在才细想到你的说法是对的。我把这种力量本身也设定于空间,把它转移到充实空间的、被直观的物质上。”

精灵:“按照你的必然的看法,这种力量和这种物质相互之间应有怎样的关系?”

我:“这种物质及其属性是内在力量作用的结果和表现。这种力量有两类作用:一类是它借以保存自身,给自己提供这种特定表现形式的作用;另一类是它在以一定方式使我得到感受的时候对于我的作用。”

精灵:“除了包含这些属性的空间以外,你以前还寻找过另一种属性载体吗?除了这空间以外,你还在交替变化中寻找过另一种持久的东西吗?”

我:“是的,而且这种持久的东西已经被找到了。它就是这种力量本身。这种力量在任何交替变化中都永远不变,它正是承受和负载属性的东西。”

精灵:“现在,让我们回顾一下至今业已发现的一切。你感觉到你处于一定状态,你把它称为红色的、光滑的和甜味的,如此等等。关于这件事情,你只知道你恰好感觉自己和这样感觉自己呢,还是你知道更多的东西呢?除了单纯的感觉以外,在单纯的感觉中还包含某种别的东西吗?”

我:“不。”

精灵:“进一步说,空间浮现于你面前,这是你自己作为理智力量的规定。或者,你关于这空间还知道更多的东西吗?”

(II,238) 我:“绝对不知道。”

精灵:“在那种被感觉的状态与这种浮现于你面前的空间之间,除了它们两者都是在你的意识中发生的,并没有丝毫联系。或者,你还看到另一种联系吗?”

我:“我再没有看到任何别的联系。”

精灵:“但是,你不仅能感觉,能直观,你也能思维。关于这件事情,你只知道你正是这样。你不仅感觉自己的状态,而且你也能思考它;但它并不给你提供任何完全的思想;你不得不在思维中给它再增设某种别的东西,增设它在你之外的根据,即一种异己的力量。关于这件事情,你除了你恰好这样思维和恰好不得不这样思维以外,还知道更多的东西吗?”

我:“关于这件事情,我不再知道更多的东西。我不能思考我的思维以外的任何东西;我所思考的东西,由于我思考它,就变成了我的思维，并服从思维的必然规律。”

精灵：“只有通过这种思维，才在你那里产生了你所感觉的你的状态与你所直观的空间之间的一种联系；你设想前者的根据是在后者之中。或者，事情并不是这样？”

我：“事情是这样的。你已经清楚地证明，我只有通过自己的思维，才在我的意识中产生出我所感觉的我的状态与我所直观的空间的联系，而且这种联系既不能被感觉，也不能被直观。但我不能谈论我的意识之外的一种联系，我怎么也不能描绘这样一种联系，因为正是在我谈论它的时候，我必须意识到它，而这种意识既然只能是一种思维，所以我必定是在思考这种意识；这种意识完全是在我通常的自然意识中发生的那种联系，而不是什么别的联系。我不能丝毫跨越这意识一步，正像我不能超越我自己一样。所有设想这样一种自在的联系，设想一种与自在之我相联系 (II, 239) 的自在之物的尝试，都不过是对于我们自己的思维的无知，都不过是令人奇怪地忘记了这样一个事实，即我们不思考我们自己的思想，便不可能有任何思想。那种自在之物是一种思想，据说它是一种壮丽的思想，但没有一个人曾经愿意设想它。”

精灵：“因此，我不必害怕你提出异议，反对坚决建立这样一条原理：对于我们之外的物的意识，绝对不外乎是我们自己的表象能力的产物；关于我们之外的物，除了我们给它提供的东西，即除了我们本来知道的、通过我们的意识——我们一般拥有意识，并且拥有一种很确定的、服从于一定规律的意识——所建立的东西，我们就不再知道任何东西了。”

我：“我决不能反对建立这样一条原理；事实就是这样。”

精灵："我也不必害怕你提出异议，反对这条原理的这样一种更大胆的表述：在我们称之为认识和考察物的那种活动中，我们始终只是认识和考察我们自己，在我们的所有意识中，我们只知道我们自己和我们自己的规定。"

"我说你也不能反对这个表述，这是因为，如果**我们之外的东西一般**只是通过我们的意识才产生的，那么，这个外在世界的**独特的、各种各样**的东西也无疑不能以任何其他方式产生。如果这种在我们之外的东西**同我们自己**的联系只是在我们思想中的联系，那么，**各种各样的物本身的相互**联系也无疑不是任何其他联系。正如我现在已经在你自己的思维中向你清楚地指明一般对

(II, 240) 象以及对象与你自己的联系的起源一样，我可以在你自己的思维中向你同样清楚地指明一条规律，根据这条规律才在你那里产生出各种各样的对象，它们毕竟彼此联系，以铁的必然性相互规定，从而构成像你自己很好地描述过的世界体系。我所以没有做这件工作，仅仅是因为我察觉，即使不这样做，你也一定会同意我唯独要得出的结论。"

我："这一切我都明白，我应当同意你说的一切。"

精灵："凡人呵，有这种见解，才可以自由，可以永远摆脱那曾经贬低你、折磨你的恐惧。你不再会在那种只存在于你的思维中的必然性面前吓得发抖了，不再会害怕受那些不过是你自己的产品的物的压迫了，也不再会把你这个思维主体同你自己所产生的思想混为一谈了。只要你还认为，这样一种物的体系如你曾经描写的那样，不依赖于你，在你之外真正存在着，而你自己只是这种体系的链条中的一个环节，那么，这种恐惧就是有根据的。而现

在，在你已经明白这一切都仅仅存在于你自己之内，都是通过你自己而存在以后，毫无疑问，你就不会害怕那种你已认为是自己的创造物的东西了。

“我正是要使你从这种恐惧中解放出来。你现在已经摆脱这种恐惧，而我也就听任你自便吧！”

我：“且慢，骗人的精灵！这就是你要我企求的全部明智吗？你夸耀你这样解放了我吗？你解放了我，这是真的；可是，你使我摆脱了一切依赖关系，你把我自己变成了虚无，把我可以依赖的、在我周围的一切东西都变成了虚无。你取消和毁灭了一切存在，从而取消了必然性。”

精灵：“危险真有这么大吗？”

我：“你还开玩笑？照你的体系——”

精灵：“我的体系？我们所一致同意的东西，都是我们共同创 (II, 241)
造的；我们两人研究了这些东西，你像我自己一样，已经理解了一切；但要猜到我的真正的、完整的思维方式，也许现在你还难以做到。”

我：“任你怎么称呼你的思想；总之，从以前所说的一切来看，除了表象，即一种作为单纯意识的意识的规定以外，世界上不存在任何东西，绝对不存在任何东西。但表象对于我来说只是实在的一种形象、一种阴影；它本身不能使我满足，也对我毫无价值。我可以使自己满足于我之外的这个物体世界转化为纯粹的表象，变成一种阴影，我的感觉不依赖于它；但按照以前所说的一切来看，我自己也像这个世界一样会消失，我自己也会变成一种没有意义、没有目标的单纯表象。或者告诉我，事情是另外一种样子吗？”

精灵：“以我自己的名义，我无可奉告。你自己探讨吧，自己帮助自己吧。”

我：“我自己作为空间中有感觉器官和运动器官的物体，作为可以由意志控制的肉体力量，呈现于我自己面前。关于这一切，你将会像你以前一般谈到在我这个思维主体之外的各个对象一样，说这一切都是我的感觉、直观和思维组成的产物。”

精灵：“我无疑会这样说的。如果你需要的话，我甚至会一步一步地向你指明一些规律，按照这些规律，你才在你的意识中逐渐成为一种具有这样的感官的有机躯体、肉体力量等等，而你将不得不承认我完全正确。”

我：“我预见到了这一点。我不得不承认，甜味的、红色的、坚硬的等等东西只不过是我自己的内在状态，只是由于直观和思维，才从我本身被转移到空间中，被看做不依赖于我而存在的物
(II, 242) 的属性；正像这种做法一样，我将不得不承认，我的身体及其各种器官只不过是我自己这个内在的思维主体在特定空间中的感性表现而已；我将不得不承认，作为精神实体、纯粹理智力量的自我与作为物体世界中的这种躯体的自我完全是同一个东西，只不过是从两个方面来看待，用两种不同的能力——前者是用纯粹思维，后者是用外部直观——来把握罢了。”

精灵：“一种业已进行的探讨当然会得出这样的结果。”

我：“那种能思维的、精神性的实体，那种由直观变为尘世躯体的理智力量，按照这些基本原理，不管它本身是什么，总是我的思维的产物，是某种单纯想象出来的东西——因为我按照一种我所不能理解的、从虚无出发又归于虚无的规律，就不得不恰好这样虚构。”

精灵：“那是可能的。”

我：“你变得胆小怕事，不爱说话了。这不只是可能的，而且按照我们的基本原理是必然的。”

“那种能表象、能思维、有意志、有理智的实体，或随你怎么称呼，那种具有表象、思维等等能力的东西，或随你怎么表达这个思想，那种含有这些能力的实体，我究竟是怎么认识到的呢？我是直接意识到它的吗？我怎么可能呢？我只直接意识到在我之内的那些现实的、特定的表象、思维和意志活动，它们是一类特定的事件，但我绝没有直接意识到这类能力，更没有直接意识到竟然含有这类能力的实体。我直接直观到的，是此时此刻我所从事的这一特定思维，或彼时彼刻我所从事的那一特定思维；这种内在的理智直观，这种直接的意识也就到此终止了。我现在又思维这种在内部被直观的思维；但按照我的思维所服从的那些规律，它对我的思维来说是不完善的和不完全的东西，正像以前关于我的单纯感觉状态的思维仅仅是一种不完全的思想一样。像以前我给受动状态不知不觉地在思维中附加了一种活动一样，我现在也给确定的状态（我的实际思维或意志）在思维中附加了一种可以确定的状态（无限多样的、可能的思维或意志），因为我必须这样做，并且根据同样的理由，我并未意识到我的这样的附加作用。我进一步把这种可能的思维理解为一种确定的整体；这又是因为我必须这样做，〔而我之所以必须这样做〕，是由于我不能把握任 (II, 243)

何不确定的东西，因而这种可能的思维就对我成为一种有限的思维能力，甚至是由于这种思维给我想象出某种不依赖于思维而存在的东西，即一个具有这种能力的存在和实体。”

“可是，根据更高的原理可以更明确地看出，这个能思维的实体是怎样单纯由它自己的思维创造出来的。我的思维一般有创始作用，就是说，是能假定一种创造直接给予的对象的作用的，是能描述这种作用的。直观所给予的，只是赤裸裸的事实，而不是别的。思维解释这种事实，把它与另一种事实联系起来，这另一种事实根本不是存在于直观中，而是纯粹由思维本身创造的，因此它（这种事实）也产生于思维。这里的情形就是这样。我意识到确定的思维；直观的意识所告诉我的，也仅此而已。我思考这确定的思维，这就是说，我让它从某种不确定的、但又可以确定的思维中产生出来。我这样来处理每个呈现在直接意识里的确定的思维，从而在我这里产生了一系列能力和一系列具有我假定的这些能力的实体。”

精灵：“因此，即使从你自己的意图来看，你也仅仅是意识到你感觉这个或那个特定状态，你以这种或那种特定的方式直观或思维。”

我：“自我在感觉，自我在直观，自我在思维？自我作为现实根据，产生感觉、直观、思维？不！你那些基本原理连这一点也没有给我留下。”

(II, 244) 精灵：“诚然可能！”

我：“甚至是必然的，因为你自己可以看一看：凡我所知道的，都是我的意识本身。任何意识不是直接的，便是间接的。第一种意识是自我意识，第二种意识则是关于非我的意识。因此，我之所谓的自我只是意识的一定变化形态，这种变化形态之所以叫做自我，正是因为它是直接的意识，是返回自身而不指向外部的意识。既然任何意识只有在直接意识的条件下才是可能的，那么显而易见，这种叫做自我的意识是伴随着我的一切观念的，它必然包含在它们之中，尽管我并非总是清楚地察觉这一点，并且我会在我的意识发展的每一瞬刻都说：自我，自我，自我，永远是自我；把一切东西都归于自我，而**不是**归于**在这一瞬刻所想象的我之外的特定的物**。就这样，这个自我在每一瞬刻都对我既消失又再现；每出现一个新的观念，便有一个新的自我产生；这个自我也许绝不意味着某种别的东西，而只意味着**非物**。

“这种分散的自我意识现在通过思维——我说，通过单纯的思维——被联合起来，表现在虚构的能力的统一体中。我的表象活动的直接自我意识所伴随的一切观念，按照这种虚构，一定都出于同一种实体所包含的同一种能力。这样，才在我这里产生了关于我的自我的同一与个性的思想，产生了关于这个人的有效现实力量的思想；这思想必然是一种虚构，因为那种能力和实体本身也仅仅是虚构出来的。”

精灵：“你的推论是正确的。”

我：“你对此感到高兴吗？那么我确实可以说，**这是想出来的**；然而连这一点我也几乎不能说。因此，我只能很谨慎地说，**出现了**关于我在感觉、直观和思维的**思想**；但我绝对不能说，**我在感**(II, 245)**觉、直观和思维**。只有前一种说法是事实，后一种说法则是添加的虚构。”

精灵:"你说得很好!"

我:"不论在我之外或在我之内,都绝没有持久的东西,而只有不绝的变化。不论在什么地方,我都不知道有存在,甚至也不知道有我自己的存在。绝没有存在。我自己绝对不知道什么,也不存在。只有一些映象存在着,它们是唯一存在的东西,它们按照它们的样式知道自己是这样的:它们匆匆浮现过去,却不存在某种东西,它们似乎从这种东西面前浮现过去;它们通过映象的映象联系起来,却没有某种东西在它们当中得到反映,而且它们也没有任何意义,没有任何目的。我自己就是这些映象中的一个映象;我甚至不是这样一个映象,而只是这些映象中的一个模糊映象。一切实在都变成了一场怪梦,没有梦想的生活,也没有做梦的心灵;一切实在都变成了一场在关于自身的梦中编织起来的梦。直观是梦;思维,这个一切存在和一切实在的根源,这个我所想象的根源,这个我的存在、我的力量和我的目的的根源,则只是关于这场梦的梦。"

精灵:"你已经很好地理解了这一切。当你必须服从这个结论的时候你总是使用最尖锐的语句和说法,使它显得令人厌恶。而你又非这样做不可。你已经清楚地看到,事情只能如此。或者,你还要撤回你所承认的东西,用某些理由来论证这种撤回是有道理的吗?"

我:"决不。我已经看到,并且很清楚地看到,事情确实如此;只是我还不能相信它。"

精灵:"你看到这一事实;只是不能相信它吗?这是另一回事。"

我："你是一个邪恶的精灵；你的认识本身就是邪恶，而且来源于邪恶，你把我引上这条路，我不会因此而感激你。"

精灵："目光短浅的人呵！谁敢正视现实，如实看待事物，并且更进一步，你们就称之为邪恶。我曾经让你随意得出和分析我们研讨的结论，并使用令人厌恶的语句表示它们。你竟然以为我不如你懂得这些结论吗？你竟然以为我不如你那样意识到我们这些基本原理怎样把一切实在都完全消灭，变成一场梦吗？你竟然以为我是这一体系——作为人类精神的完善体系——的盲目崇拜者和鼓吹者吗？ (II, 246)

"你渴望知识，你却因此而走上了一条很错误的道路；你在知识不能达到的地方去寻找知识，甚至于以为自己是在洞见某种事物，而这种洞见是同一切洞见的内在本质背道而驰的。我发现你还处于这种状况。我只希望你从你的假知识中解放出来，但绝不希望给你带来真知识。

"你希望知道你的知识。你在这条道路上也无非是得知你希望知道的东西，即你的知识本身，你对这件事情感到诧异吗？你愿意事实不是这样吗？凡通过知识并根据知识产生的东西，都只不过是知识。但一切知识都只是映象，在知识里总需要有某种同映象相对应的东西。可是没有一种知识能满足这一要求，因为知识体系必然是单纯映象的体系，它没有任何实在，也没有任何意义与目标。你还期望某种别的东西吗？你希望改变你的精神的内在本质，希望你的知识令人觉得比知识更胜一筹吗？

"那个你以为已经看到的实在，一个不依赖于你而存在的、你生怕变为其奴隶的感性世界，对你来说已经消失了，因为这整个感性世界只是通过知识才产生的，它本身也就是我们的知识；但知识不是实在，它之所以不是实在，正是因为它只是知识。你已经看清了这一幻觉，现在只要你不拒绝你的更好的见识，你就绝不会再上这幻觉的当了。这毕竟是唯一的功劳，我把这功劳归于(II，247)我们刚才共同发现的体系，这体系破坏和毁灭了谬误。但这个体系不能提供真理，因为它本身就是绝对空虚的。如我清楚地知道的，你有你的充分理由，终归还去寻找某种在单纯映象之外存在的实在东西，并且如我同样知道的，寻找一种不同于刚才消灭的实在。但是，你要想通过你的知识并根据你的知识去创造这种实在，却是徒劳无益的，你想用你的认识去把握它，也是徒劳无益的。假如你没有别的感官去把握它，你就永远察觉不到它。

“但是你有这样一种感官。只不过你要使它活跃起来，热呼起来；你将会达到最完满的宁静状态。我听你独个儿自便吧！”

第三卷　信仰 (II, 248)

可怕的精灵，你的谈话使我感到沮丧。但你指引我注意我自己。如果在我之外的某种东西能使我受到打击，而无法挽救，那我还会是什么呢？我要听从，噢，我一定要听从你的劝告。

我的苦闷的心呵，你究竟在寻找什么呢？是什么东西使你对我的知性所无法表示丝毫异议的那一学说体系感到愤慨呢？

事情是这样的：我渴望着单纯表象之外存在的某种东西，这种东西即使没有表象，也是现在存在着，过去存在过，并且将来还会存在；表象仅仅是标明这种东西，而不创造它或对它有丝毫改变。我认为，单纯的表象是骗人的映象；我的各个表象应该意味着某种东西，但如果在知识之外没有任何东西符合于我的全部知识，我就会觉得我的全部生活都受了欺骗。无论在什么地方，除了我的表象之外，就没有任何东西——这对自然感官来说是一种愚蠢而可笑的思想，这种思想无人会当真说出来，也无须加以反驳。但对于那种已经作出通晓事理的判断，知道这一判断有其不能为单纯推理所驳倒的深刻根据的人来说，这个思想却是一种令人沮丧的与毁灭性的思想。

我殷切渴望把握的这种在表象之外存在的东西究竟是什么呢？它用以闯入我心中的力量是什么呢？它在我心灵中依附的、(II, 249)

只有与心灵一起才能消除的那个中心点是什么呢?

“不仅要认识,而且要按照认识而行动,这就是你的使命”。我一全神贯注片刻,注意我自己,这声音便在我灵魂深处强烈回响起来。“你在这里生存,不是为了对你自己作无聊的冥想,或为了对虔诚感作深刻的思考——不,你在这里生存,是为了行动;你的行动,也只有你的行动,才决定你的价值”。

这声音引导我超出表象,超出单纯的知识,走向在知识之外存在的、与知识完全对立的某种东西,这种东西比一切知识都更加伟大和崇高,并包含着知识本身的最终目的。如果我要行动,我就无疑会知道我在行动,也知道我怎样行动;但这种知识并不是行动本身,而只是观察行动。因此,这声音恰恰向我预告了我所寻求的东西,即一种在知识之外存在的、就其本质而言完全不依赖于知识的东西。

事实就是这样,这是我直接知道的。但我曾经从事于思辨,它在我心中引起的怀疑会秘密地延续下来,令我不安。自从我使我自己处于这种地位以后,除非我所接受的一切在思辨法庭面前被证明为正确的,我就不会得到完全的满足。因此,我必须问我自己:事情怎么会成为这样?那种存在于我内心的、引导我超出表象的呼声是从何而来的呢?

在我心里有一个向往绝对的、独立的自我活动的意向。再没有比单纯受他物摆布、为他物效劳、由他物支配的生活更使我难以忍受的了;我要成为某种为我自己、由我自主的东西。只要我知觉我自己,我就感觉到这一意向;这意向与我的自我意识不可分离地联结在一起。

我用思维向我说明对于这种意向的感觉，仿佛用概念给这本身盲目的意向安装了眼睛。由于这意向，我一定要作为完全独立的生物来行动；我就是这样理解和说明这个意向的。自我必须是独立的。自我是什么呢？自我是主体与客体的统一，是能意识者与所意识者、能直观者与所直观者、能思维者与所思维者的永恒统一。作为这两者，我必须靠我自身成为我所是的东西，完全靠我自身制定概念，完全靠我自身创造一种在概念之外存在的状态。但后者是怎么可能的呢？我不能把存在同无联结起来，从无总不能生有。我的客观思维必然是起中介作用的。但一种存在如果与另一种存在联结起来，它就会恰恰因此而以另一种存在为根据，就不是根本的、原初的、创始的存在了，而只是一种派生的存在，我必须联结，但我不能跟一种存在联结起来。 (II, 250)

但是，我对目的概念的思维与制定就其本质来说是绝对自由的，能从无中生有。我必须把我的行动跟这样一种思维联结起来，如果这种思维能被视为自由的和完全从我自身产生的。

因此，我以下列方式设想我的独立性为自我。我之所以认为自己具有制定概念的能力，是因为我制定了概念，而我之所以制定这个概念，是因为我制定这个概念，是出于我自己作为理智力量具有发挥力量的无限权力。进一步说，我认为自己具有用概念以外的实在行动来表现这种概念的能力；我认为自己具有一种实在的、起积极作用的、能创造存在的力量，这力量完全不同于单纯制定概念的能力。那种叫做目的概念的概念，不应该像认识概念那样，只是业已存在的东西的摹本，倒不如说，它应该是要被创造的东西的原本；实在的力量应该存在于概念之外，并且作为这样的力量，应该是独立存在的；它应该仅仅从概念获得自己的规定，而认识则应该对它进行观察。这样一种独立性，我根据那种意向，觉得自己确实是具有的。

在这里看来有一个点，在这个点上联结了对于一切实在的意识；(II, 251) 我的概念的实在效力和我根据这种效力而不得不认为自己具有的实在行动力量，就是这个点。不论在我之外的感性世界的实在性如何，反正我自己是有实在性的，是理解实在性的，它就在我之内，隐藏在我本身。

我设想我这种实在的行动力量，但我并不**臆造**它。对我向往独立行动的意向的直接感觉，就是以这个思想为基础的；这个思想只是反映这种感觉，并用它自己的形式——思维的形式——接受这种感觉。这种做法也许可以经得起思辨法庭的审判。

怎么，我又存心欺骗我自己吗？这种做法根本经不起那种严厉审判。

我感觉到在我之内有一种向外活动的意向和努力；这看来是真的，而且是关乎这个问题的唯一真理。因为感觉到这一意向的正是自我，我既不能用我的全部意识，也尤其不能用我的感觉超越我自己，而且这个自我本身就是我把握那意向的最终点，所以在我看来那意向当然是一种基于我本身的意向，它要采取一种基于我本身的活动。但是，虽然我没有察觉，这会不会是一个我所看不见的异己力量的意向呢？而那种关于独立性的看法，会不会只是我那囿于我自身的视觉范围所产生的欺骗呢？我没有任何理由承认这一点，但也同样没有理由否认这一点。我必须承认，我对此毫无所知,也无法再有所知。

难道我也感觉到了我觉得自己——这很令人奇怪——无所认识的那种实在活动力量吗？不！那实在活动力量是按照众所周知的思维规律给**被规定的东西**虚拟的**可规定的东西**,一切能力 (II,252)
与力量都是通过这种思维规律产生的,而那被规定的东西则是同样虚拟的实在行动。

从单纯的概念向外导至其假想的实现,除了是一切客观思维的通常熟悉的做法——因为这思维绝不想成为单纯的思维,而且也想预示思维之外的东西——以外,还是某种别的东西吗？凭什么不老实的态度才使这种做法在这里比在其他情况下更有价值呢？难道给对于思维的想法再附加上这种思维的实现,会比给桌子概念再附加上实际的桌子具有更深刻的意义吗？"目的概念是我之内发生的现象的特殊规定,它以双重形式表现出来,一方面表现为主观东西,即思维,另一方面表现为客观东西,即行动";我能援引什么理性根据来反对这样的解释——这解释也无疑不会缺少一种发生学的演绎——呢？

我说,我感觉到这意向；当我这样说时,我自己真的是这样说、这样想吗？我是真的在感觉呢？还是仅仅在思考感觉呢？我称之为感觉的一切东西不是仅仅通过我的客观化的思维而呈现于我吗？这一切东西不是一切客观化过程的真正的、首要的过渡点吗？再说,我是真的在思维呢,还是仅仅在思考思维呢？我是真的在思考思维呢,还是仅仅在思考一种对于思维的思维呢？有什么能阻碍思辨不提出这样的问题,不漫无止境地继续提出这样的问题呢？我能向思辨回答什么呢？我能使思辨不提这些问题的终点在哪里呢？——我当然知道，而且得向思辨承认，我们又可以思考意识发展的每一个状态，创造出对于前一种意识的新意识，从而总是把直接的意识推移到一个较高的阶段，把前一种意识弄得晦暗可疑；我也同样知道，并得向思辨承认，意识发展的这
(II, 253) 个阶梯是没有止境的。我知道，一切怀疑都是建筑在这一做法上的，我知道，那种使我受到很大震惊的学说体系也是建筑在贯彻和明确意识这一做法上的。

我知道，如果我不想跟这种学说体系单纯玩弄另一种令人眼花缭乱的游戏，而是想真正照着它去办，那我就得拒绝听从我心中的那个呼声。我不能想行动就行动，因为按照那个学说体系我无法知道我能否行动，我也绝不会相信我真正在行动；凡我觉得是我的行动的，必定于我毫无意义，只不过是一种欺人的映象而已。在这种情况下，一切严肃与一切趣味就都从我生活中消失殆尽了，我的生活正像我的思维一样，变成了一场单纯的游戏，它从无开始，而以无告终。

难道我应该拒绝听从那内在的呼声吗？我不愿意这样做。我甘愿接受这意向赋予我的使命；在这个决断中我同时也想把握住关于这意向的实在性和真实性的思想，把握住关于这意向所假定的一切东西的实在性的思想。我要坚持这意向安排给我的朴实无华的思维的立场，而拒绝那一切只会使我怀疑这意向的真实性的无谓思考与琐屑分析。

高贵的精灵，现在我可理解你了。我现在找到了一种官能，通过它我可以理解这种实在性，也许同时还能理解全部其他的实在性。这官能不是知识；没有一种知识能论证它本身，能证明它

本身；每种知识都是假定一个更高的东西为其根据，如此上溯，以至无限。这官能是一种信仰，是对自然而然地呈现给我们的观点的一种志愿信赖，因为只有根据这种观点我们才能完成我们的使命；正是这信仰才对知识表示了赞同，把知识提高到确实可靠与令人信服的程度，而没有这信仰，知识就会是一种单纯的妄想。(II，254)信仰绝不是知识，而是使知识有效的意志决断。

我将永远坚持这说法，这说法不单是语句上的辨别方式，而且是真正的、深刻的辨别方式，它对我的整个伦理态度都会产生最重要的后果。我的所有确信只是信仰，这信仰源出于伦理态度，而不是产生于知性。在我明白了这一点以后，我就不想参与争论了，因为我预料争论将毫无结果；我不会因争论而使自己陷入迷途，因为我的信仰的源泉高于一切争论。我不想让自己随心所欲，要用理性根据来强迫别人接受这信仰；在这样一种计划遭到失败时，我也不会感到惊讶。我采取我的思维方式，首先是为了我自己，并不是为了别人，我也仅仅是想在我自己面前证明这种方式正确。凡是具有我这样的伦理态度，我这样的忠诚善良的意志的人，也都会得到我这样的信仰；但如果没有那种伦理态度，便无从产生这信仰。在我知道了这一点以后，我也知道我自己的以及别人的一切涵养由何产生——由意志产生，而不是由知性产生。只要意志义无反顾地、诚实地向善的方面进展，知性便会自行把握真理。要是只有知性在发挥作用，而意志却被忽视，那就只会产生一种进入绝对虚空中去作无谓思考与琐屑分析的技能。在我知道了这一点以后，我就能驳倒一切可能会反对我的信仰的伪知识。我知道，所有由单纯思维产生，而不以信仰为根据的所

谓真理，肯定都是虚伪冒充的，因为这样产生的单纯知识只能导致一种认识，以为我们什么也不会知道；我知道，这样一种伪知识除了它通过信仰置于它前提中的内容以外，永远不会发现某种别
(II, 255) 的东西，而且由这些前提还可能推出错误结论。在我知道了这一点以后，我就有了一切真理和一切信仰的试金石。只有从良心中才产生出真理来。凡是违背良心的东西，或阻碍良心实现其所能与决定的东西，肯定都是假的，永远也不会令人信服，即使我不能揭示导致这种伪知识的谬论何在。

一切已经诞生到世界上来的人，也都是如此。他们即使未曾意识到这样的事情，也单靠信仰去把握为他们而存在的一切实在；这信仰与他们的生存同时，闯入了他们的心中，是他们生来就有的。事情怎么可能是别样呢？要是在单纯的知识、单纯的直观与思考中不包含任何根据，把我们的表象视为胜于虽然单纯而必然在我们眼前出现的映象，究竟为什么我们要把我们的表象都视为胜于这样的映象呢？为什么要把某种独立于一切表象而存在的东西作为我们的表象的基础呢？要是我们都有超越我们最初的、自然的观点的能力与意向，究竟为什么只有这么少的人超越它呢？为什么当别人劝说他们超越这种观点时，他们甚至还以一种忿恨的情绪加以抵抗呢？是什么东西使他们拘泥于这最初的、自然的观点呢？这不是理性的根据，因为绝不可能有这类东西；这是对一种实在的关切，而这种实在是他们要创造的；——善人一心为了创造这实在，庸俗好色之徒则是为了享受这实在。凡是活着的人，没有一个能超脱这种关切，同样也不能超脱这关切所带来的信仰。我们大家都生来就有信仰——瞎活着的人盲目地

听从秘而不宣的、不可抗拒的冲动；有眼力的人则自觉听从这种冲动，并且他有信仰，因为他要信仰。

人的天性本身是多么统一和完整，多么尊严呵！我们的思维并非不依赖于我们的意向和倾向而以自身为基础；人并不是由两个独立并存的部分组成的，人是绝对统一体。我们的全部思维都以我们的意向本身为根据；一个人的倾向如何，他的认识也就如何。只有 (II, 256)
在我们尚未认识到这种强制时，这意向才会迫使我们采取某种思维方式；一俟我们认识了这种强制，它就消失不见了，这时按照意向形成我们的思维方式的就不再是意向了，而是我们自己。

但是，我应该睁开眼睛，应该彻底认识我自己，应该懂得那种强制，这就是我的使命。因此我应该形成，并且在这种前提下也必然会形成我的思维方式本身。这样，我就会完全独立，自我完成。我的一切其他思维和全部生活的最初源泉，那个产生一切在我、为我与由我而可能存在的东西的渊源，即我的精神的最内在的精神，并不是异己的精神，相反地，从最严格的意义上说它完全是由我自己创造的。我完全是我自己的创造物。我也许可以盲目地听从我的精神天性的意向。但我不愿成为天然的产物，而愿成为我自己的产物；现在我已经成为这样的产物，因为我愿意这样。我也许可以作漫无止境的琐屑分析，使我的精神的自然观点成为晦暗可疑的。但我自由地信赖这种观点，因为我愿意信赖它。我现在所持的思维方式，是我经过考虑，有意从其他一切可能的思维方式中遴选出来的，因为我认为这种思维方式是唯一符合于我的尊严、我的使命的思维方式。我自由地、自觉地使我自己回到了我的天性也曾经让我依赖的立脚点。我所接受的东西

也正是我的天性所宣称的东西；但是，我之所以接受它，并不是因为我非这样不可，相反地，我之所以信仰它，是因为我愿意信仰它。

(II，257) 我的知性的崇高使命使我充满敬仰之感。知性已不再是那种从无到无的空虚映象表演，它已经为一个伟大目的而赋予了我。为此目的而培养知性的任务已经托付给了我；这项任务掌握在我的手中，它听从我的传唤。它就在我的掌握之下。我直接知道——在这里，我的信仰无需进一步苦思冥想，就接受了我的意识的这一陈述——我知道，我不必让我的思想盲目地、无目的地到处飘荡，我可以随意唤醒和引导我的注意力，使它离开这个对象，而盯着另一个对象；我知道，当我还没有完全了解这对象，还没有对它有一个最完整的信念时，不放松对它的研究，则完全在我；我知道，既不是盲目的必然性迫使我采取一定的思维体系，也不是空洞的偶然性拿我的思维开玩笑，而是自我在那里思维，我可以思考我想思考的东西。正是由于思考，我才发现了更多的东西；我发现，仅仅是我自己独立自主地产生了我的整个思维方式，产生了我对于一般真理所抱有的特定看法；因为我是苦思冥想而丧失一切真理感呢，还是虔诚服从而信赖真理呢，这全在于我。我的整个思维方式，我的知性所接受的教养，以及我使知性注意的对象——这一切完全视我而定。提出真知灼见是功劳，而歪曲我的认识能力，漫不经心，昏庸无知，谬误百出，毫无信仰，则都是罪过。

我必须全神贯注而不断思考的只有一点，那就是我应当做什

么，怎样才能最合乎目的地执行这项命令。我的一切思维必然关系到我的行动，必然被看成是达到这个目的的一种手段，虽然这手段不是近在咫尺。否则，思维就是空洞的、无目的的游戏，就是浪费精力与时间，就是败坏那种为了达到全然不同的目的而赋予我的高尚才能。(II, 258)

我可以期望，我确实可以期望，这样一种思考定会得到良好结果。我必须在其中行动的自然，并不是一种异己的、与我毫无关联地产生的、绝不能被我深入了解的东西。这自然是依照我自己的思维规律铸成的，并且必定符合于这种思维规律；对我来说，这自然必定到处都是完全透明的和可以认识的，甚至可以深入到它的内在本质中。无论在什么地方，这自然都只不过是表现我自己对我自己的关系与联系；正像我确实可以期望认识我自己一样，我也确实可以期望探明这自然。如果我只寻求我要寻求的东西，那我就会找到它；如果我只询问我要询问的东西，那我就会得到答案。

I

我所相信的我灵魂深处的那个呼声——由于这个呼声，我还相信我所相信的其他一切——并不命令我单纯泛泛地行动。这是不可能的；所有这些一般原理只有通过我对许多事实的自由观察与思考，才能形成，但绝不在这些原理本身表现一种事实。我的良心的这种呼声只命令我在我生存的每个特殊环境中一定要做什么，一定要避免什么；我只要留神听它，它总是在我生存的一切场合伴随着我，并且在我必须行动的地方，它绝不拒绝给我以开导。它直接建立起信念，并以不可抗拒的力量要我表示赞同；我是不可能同它抗争的。

(II, 259) 听从这呼声，忠诚老实地、无拘无束地、无所畏惧地、不假思索地服从这呼声，这就是我唯一的使命，这就是我生存的全部目的。我的生活不再是没有真理、没有意义的空洞游戏了。某种事情之所以必须做，纯粹是由于它必须做；这就是在我所处的这种情况下良心恰恰要求我做的事情；我是为了做这种事情而生存的，并且仅仅是为了做这种事情而生存的；为了认识它，我有知性，为了完成它，我有力量。

只有通过良心的这种命令，我的表象才具有真理性和实在性。我不能不注意它，不服从它，而不同时背弃我的使命。

所以，我不能拒绝对于良心的命令所引起的实在性的信仰，而不同时否认我的使命。我必须服从这呼声，这是绝对真实的，用不着进一步加以检验和论证，并且这是初始真理，是其他一切真理和确实性的基础；因此，按照这种思维方式，所有由于这样一种服从的可能性而被假定为真实的与确实的东西，对我来说就都是真实的与确实的。

在空间里有一些现象飘浮在我面前，我把关于我自己的概念推广到这些现象上去，我设想它们是与我一样的生物。一种推勘到底的思辨的确已经向我教导说，或会向我教导说，这些在我之外的假想的理性生物都不过是我自己的表象活动的产物；我依照我的思维的需要加以指明的规律，不得不把关于我自己的概念体现到我自己之外，并且依照同样的规律，这个概念只能被推广到一些特定的直观上去。但我的良心的呼声却这样向我喊道：“不管这些生物本身是什么，你都应该把它们当做自为存在的、自由的、独立的、完全不依赖于你的生物来对待。你可以像业已知道的那样设想，它们能完全不依赖于你，而完全由它们自己设定目的，你绝不要妨碍实现这目的，相反地，应该竭尽你的一切所能，(II, 260)
促其实现。你应该尊重它们的自由，以爱慕的心情掌握它们的目的，就像掌握你的目的一样。”——我应该这样行动；我的一切思维都**应该**被引向这一行动，只要我下定决心，听从我的良心的呼声，我的一切思维就都**可能**并且**必然**会被引向这一行动。因此，我将永远把那些生物视为自为存在的、不依赖于我的、能制定与实现目的的生物。从这个观点看，我不可能对它们有别的看法，而那种思辨则会像一场空梦，在我眼前烟消云散。我刚才说过，我把它们**设想**为与我一样的生物，但严格地说，它们最初作为这样的东西呈现于我，并不是由于有这样的思想，而是由于我的良心的呼声，良心的命令，它说：“在这里你要节制你的自由，在这里你要想象和尊重异己的目的”。——正是这个命令才被翻译为一种思想，认为在这里确实真有像我一样的生物，它自为地存在着。如果不这样看待它们，我就必定会在生命中否认我的良心的呼声，在思辨中漠视我的良心的呼声。

飘浮于我面前的还有另一些现象，我认为这些现象不是与我一样的生物，而是一些无理性的东西。思辨不难证明，关于这类东西的表象是怎样仅仅从我的表象能力及其必然的行动方式产生的。但我也通过需求、欲望与享受来把握这些东西。某种东西成为我的食物与饮料，并非由于概念，而是由于饥渴及其满足。我不得不相信这种威胁我的感性生活或唯独能维持这种生活的东西的实在性。良心既尊崇这些本能，同时又限制这些本能，因而便参与了维持这种感性生活的事情。“你应该维持、锻炼和加强你自己和你的体力，因为在理性的方案中是估计到这种力量的。而你所以能维持这种力量，仅仅是由于你合乎目的地按照这些东西固有的内在规律去享用它们罢了。在你之外还有许多与
(II, 261) 你一样的生物，它们的力量也像你的力量一样是被估计在内的，也只有用你那样的方式才能加以维持。你要允许它们享用它们那部分东西，就像你享用你那部分东西一样。你要尊重属于它们的东西，作为它们的所有；你要合乎目的地处理属于你的东西，作为你的所有。”——我应该这样行动，我应该顺应这样的行动而思维。因此，我不得不把这些东西看做是服从它们固有的自然规律的，这些自然规律虽然为我所认识，却是不依赖于我的；因此，我当然不得不认为它们有一种不依赖于我的存在。我不得不相信这些规律，我的任务就是研究这些规律，而那空洞的思辨则像旭日初升时的迷雾一样，将会消散。

总之，对我来说没有一种单纯的存在是与我无关的，是我单单为了直观而直观的；一切对我存在的东西，都是由于它与我有关才存在的。但无论在什么地方，却只有一种对我的关系是可能的，其他一切关系都只不过是这种关系——即我的使命在于合乎道德地行动——的变种而已。我的世界就是我的职责的客体与范围，而绝不是任何别的东西。对我来说没有另一个世界，或者说，没有我的世界的另一些属性；我的全部能力和一切有限能力都不足以把握另一个世界。一切对我存在的东西，都只有通过这种关系，才能使我感到它的存在和实在性，而且也只有通过这种

关系，我才能把握它，对于另一种存在我则没有任何官能。

是否真的存在着像我想象的这样一个世界呢？对于这个问题，我只能作出下列彻底的、毋庸置疑的回答：我肯定真有这些特定的职责，它们对我表现为针对这样的客体的和在这样的客体之中的职责；我只能在我想象的这样一个世界里想象它们，完成它们。即使对于那种从未考虑过自己固有的道德使命的人——如果真有这样一种人——来说，或对于那种虽然考虑过这一使命，(II, 262) 但并没有下丝毫决心要在某个不确定的未来去完成它的人来说，他的感性世界和他对这个世界的实在性的信仰除了产生于他的道德世界的概念以外，也不可能通过任何其他途径产生出来。虽然他不通过思考自己的职责来把握这个感性世界。他却一定会通过要求自己的权利来把握这个世界。他也许从来都不要求自己做到的事情，他却一定要求别人对他做到；他要别人采取深思熟虑、合乎目的的态度，把他不当做没有理性的东西，而当做自由独立的生物来对待；这样，只要别人能满足这个要求，他当然也就不得不把别人设想为深思熟虑的、自由独立的和不依赖于单纯自然力量的。在使用与享受他周围的各个客体时，虽然除了享用它们之外，他根本不设定别的目的，他却至少也得要求占有这种享用，作为一种权利，而必须让别人不侵犯他对这种享用的占有；因此，他也是用一种道德概念把握没有理性的感性世界的。凡是自觉地生存的人，没有一个会放弃这些尊重他的理性、独立与自存的要求；这些要求即使与承认他心灵中的道德规律无关，也至少在他心灵中与严肃认真、解除疑惑以及信仰实在有关。只有对于这样一种人，这种人否认他固有的道德使命，否认你的存在和物

体世界的存在，其目的无非是为了单纯试验思辨有多大能力，你才可以用实际行动触犯他；你可以用其人之道，还治其人之身，好像他根本不存在或只是一块原料似地对待他——这样，他便会立刻忘却他那玩世不恭的态度，而对你十分恼火；他会严厉地责怪你这样对待他，说你既不应该也不可以这样反对他；这样，他就用实际行动向你承认，你当然能对他发生影响，他是现实存在的，你也是现实存在的，而且你对他发生影响的中介也是存在的，你至

(II, 263) 少对他负有职责。

因此，既不是各个在我们之外的假想的物——它们对于我们之确实存在和我们对于它们之确实存在，仅以我们已经知道它们为限度——的作用，也不是我们的想象力和思维所虚构的空洞映象——我们的想象力的产物确实会表现为这样的产物，表现为空洞的映象——，而是对我们的自由和力量、对我们的实际行动以及对人类行动的一定规律的必然信仰，才建立起对于在我们之外存在的实在的一切意识，而这种意识本身也无非是信仰，因为这意识是建筑在信仰基础上的，但又是一种从上述必然信仰必然产生的信仰。我们不得不认为，我们完全在行动着，我们应当以一定方式来行动；我们不得不认为这行动有一定范围，这范围就是我们所遇到的实际存在的世界；反过来说，这世界除了是那范围以外，绝对不是任何别的东西，也无论如何不会扩展到那范围之外去。是从行动的需要才产生出对于现实世界的意识，而不是相反地从对于世界的意识才产生出行动的需要。行动的需要是在先的，对于世界的意识则不是在先的，而是派生的。并不是因为我们要认识，我们才行动，而是因为我们注定要行动，我们才认

识;实践理性是一切理性的根基。行动规律对于理性生物是直接确实的。理性生物的世界之所以确实,仅仅是由于行动规律是确实的。除非整个世界连同我们自己都陷入绝对虚无境地,我们便无法否认这些规律。我们只有靠我们的道德活动,才能使我们出乎这种虚无境地而挺立起来,面临这种虚无境地而保存下来。

II

(II, 264)

我应该做某事,是为了使这事发生;我不应该做某事,是为了使这事不发生。但是,不密切注视行动之外的目的,不把我的目的集中到某种通过我的行动,而且只有通过我的行动才会变得可能的东西上,我能行动吗?我能不希求某种东西而有希求吗?绝不能再这样!这完全会与我的心灵的本性相矛盾。在我的思维中直接按照单纯的思维规律结合到每个行动上的,都是一种处于未来的存在,而我的行动对于这一状态的关系就像致动的原因对于业已产生的效果的关系一样。不过,我行动的这种目的不会自为地——例如,通过本能——设定给我,然后我的行动方式才按照这种目的确定下来;我不应该得到一种指定给我的目的,然后才探究为达到这种目的我当如何行动,因为我自己就具有目的;我的行动不应该依赖于目的;但是,我应该以一定方式来行动,则纯粹是因为我应该如此行动;——这才是首要的东西。我心灵深处的呼声告诉我,这种行动方式会产生某物。这个某物必然会成为我的目的,因为我必须采取行动,而行动是达到目的的手段,也仅仅是达到目的的手段。我之所以要某物发生,是因为我应该这样行动,以使某物发生;——正如不是因为食物摆在我面前我才

饥饿，而是因为我饥饿，某物才成为我的食物一样；同样，我之所以像我的行动那样行动，并非因为某物是我的目的，相反地，某物之所以成为我的目的，则是因为我应该这样行动。我并没有事先就注目于一个点，想通过这个点画出我的线，然后让点的位置决定线的方向以及线形成的角；相反地，我只是按直角画我的线，从
(II, 265) 而决定我盼线必经的各个点。目的并不决定命令的内容，而是相反，命令直接给定的内容才决定目的。

我说，正是行动命令本身靠自身的力量给我设定目的；在我之内的命令使我不得不设想我应该这样行动，使我不得不相信这种行动会产生某种结果。行动命令把另一个世界的景象展现在我的心灵的眼睛面前；这世界当然是一个**世界**，是一种**状态**，而不是**行动**，但它同我的肉眼所见的世界相比，却是一个**不同的**和**更好的**世界；行动命令使我一心追求这个更好的世界，全力把握它，渴望它，只在它当中生活，只在它当中得到满足。这个命令靠自身的力量就向我保证了一定会达到这个目的。我根据一种考虑，把我的全部思维和整个生命都集中于和托付给这一命令，除此以外绝不注目于任何东西；这种考虑同时也带有一个不可动摇的信念，即这一命令所预示的希望是真实的和确实的，而把那种甚至想象相反情况的可能性也排除了。我既生活在服从这个命令的情况下，同时也生活在对它的目的的直观中；我生活在它所许诺给我的那个更好的世界中。

即使对这个现存的世界作单纯的考察，而不考虑那个道德命令，也会在我的心灵深处表现出一种愿望，一种向往——不，绝不

是单纯的向往，而是对一个更好的世界的绝对要求。我看一眼现在人与人之间的关系、人与自然的关系，看一眼人们的力量的软弱无能和他们的嗜欲激情的强烈无比，我内心就不禁迸发出这样的呼声："事情不可能会长此下去；它必须，噢，它必须完全改观，变得更好。"

我绝不能设想人类的现状会永远一成不变，也绝不能设想这现状就是人类的全部最终目的。果真如此，一切就会是一场梦幻，一个骗局；而且这也就不值得劳神费心地谋生了，不值得从事 (II, 266)
这种始终重复、漫无目的、毫无意义的游戏了。只有我把这现状看做是达到更好的状态的手段，看做是向更高级、更完善的状态的过渡点，这现状才对我有价值；并不是为了这现状本身，而是为了这现状所准备的更好的事物，我才能忍受这现状，重视这现状，甘愿在这现状下尽我一份责任。我的心情不能安于现状，一刻也不能停留于现状；这现状使我的心情产生了不可抗拒的反感；我的整个生命都不可阻挡地奔向那未来的更好的事物。

我吃我喝，难道仅仅是为了我能再饥再渴，再吃再喝，长此下去，直至启于我足下的坟墓将我吞噬，我自己成为蛆虫的食物吗？我繁殖与我一样的生物，难道也是为了他们能吃喝和死亡，留下一些与他们一样的生物，去干我已经干过的事情吗？这种不断回复到自身的循环，这种总是重新以同样的方式再开始的游戏——在这种游戏中，一切东西都是为了毁灭而生成，都是为了能像它们过去那样单纯再生成而毁灭——，目的何在？这个为了又能产生出来而不断吞噬自身、为了又能吞噬自身而不断产生出来的怪物，目的何在？

这绝不再可能是我的存在的使命，也绝不再可能是一切存在的使命。必定有某种东西，它在那里存在，因为它已经生成；既然它已经生成，它就会长存，而不能再生成；这种长存的东西一定是在转瞬即逝的东西的更替中诞生的，是在转瞬即逝的东西的更替中延续的，是在时间的荡漾波涛上被完好无损地携带走的。

我们人类依然是经过辛勤努力，从那种与我们对立的自然中求得自己的生存和延续的。人类中的大部分人为了养活自己，养
(II, 267) 活替代自己思维的那小部分人，依然终生屈服在艰苦的劳作之下；各种不朽的才智不得不将其全部心思和全部精力都倾注到为它们出产食物的土地上。还常常发生这样的事故：当劳动者完成了他的劳作，指望给他自己和他的努力以长期生息的报酬时，一种敌对的气候却在刹那间毁灭了他费了多年心血才逐渐完成的东西，使勤劳细心的人无辜地沦于饥饿与贫困之中；还有发生得更加频繁的事故：洪水、风暴、火山把整片整片的土地洗劫一空，把带有理性心灵的标记的创造物连同它们的创造者一起都同时葬于死亡与毁灭的荒野混沌之中。疾病把一些年富力强的成人和一些儿童过早地送入坟墓，这些儿童的生命在尚未创造出任何成果的时候就匆匆结束了。在繁荣的国家瘟疫到处蔓延，使少数幸免于难的人变为孤儿，得不到他们的同伴们通常给予的援助，而茕茕孑立，过着孤独的生活；瘟疫还为所能为，使人类业已辛勤地开发为自己的所有的土地又归于荒芜。——现状就是这样，但绝不可能会永远这样。凡带有理性印记，为扩展理性力量而做成的创作物，绝不会在时代的进步中全部丧失。自然的不合乎规则的暴力活动让理性作出的牺牲，一定至少会减轻、满足和缓解这

种暴力活动。那不依任何规则而造成祸害的力量，可能再也不会这样干了；它注定不能自我更新；它一定会通过一次爆发，就从今永远消耗殆尽。所有那些粗暴力量——在这种力量面前人的力量化为乌有——的爆发，那些使大地荒芜的风暴，那些地震，那些火山，都只能是粗野的物质对于按照规律前进的、提供生机的、合乎目的的过程的最后抵抗——人的力量将不得违背着自己固有 (II, 268)
的意向而屈服于这种抵抗——都只能是对于我们地球自我完成的发展过程的一次最后的、震撼人心的打击。那种抵抗一定会渐渐削弱，并且终于衰竭，因为在合乎规律的进程中绝不可能有任何东西更新自己的力量；那种发展过程必定会最终完成，预定给我们的住处也必定会准备就绪。自然必定会逐渐进入这样一种状态，即人们可以确有把握地预测和期待自然的合乎规律的前进步伐，自然的力量将不可动摇地与那种注定要驾驭自然的力量——人的力量——保持一定的关系。只要这种关系建立起来，自然的合乎目的的发展过程赢得了稳固的基础，人的创作物本身就可能通过其单纯的存在，通过其不依赖于创作者的意图的影响，而又干预自然，把一种提供生机的新原则体现到自然中。业已耕耘的土地将赋予原始森林、沙漠和沼泽以生机，使它们的气氛不再那么呆滞与敌对；井然有序的、多种多样的种植将在自己周围把一种生存和繁殖的新意向散布到空气中，而太阳也将把它那最有生气的光辉投射到健康、勤劳与文明的人民所呼吸的大气中。最初因需要而发生的科学，后来也将审慎地、冷静地探索自然的不可移易的规律，通观这自然的全部力量，并学习预计其可能的发展；科学将形成一种新的自然概念，紧紧地靠近活生生的、

能动的自然，跟踪自然的足迹。理性从自然那里获得的每种认识，将世世代代保持下去，成为新知识的基础，供我们人类共同的知性使用。这样，自然对我们将变得越来越可知，越来越透明，以至其最奥秘的深处，而人的力量在经过启蒙，用自己的各种发现武装起来以后，则将会轻而易举地驾驭自然，和平地保持自己征
(II, 269) 服自然的既成局面。除了人体为其发育、提高与健康而需要机械性劳动以外，人对自然的统治将逐渐不再需要对机械性劳动有更大的消耗，这种劳动将不再是重负，因为理性生物并非注定就是这重负的承担者。

但是，在我们人类中引起最大、最可怕的混乱的，还不是自然，而是自由本身；人的最残忍的敌人是人。在那辽阔的原野上，一群群无法无天的野蛮人仍然在横冲直闯；他们相互厮杀，互为祭神庆功之餐。即使文明终于使这一群群野蛮人在法律约束之下联合为一些民族，这些民族也仍然利用联盟和法律赋予它们的权力，而相互攻击。它们的军队不顾艰辛与匮乏，和平地横穿森林与原野；它们的军队互相遭遇，一见自己的同类就如听到厮杀的号令。海军舰队用人类知性作出的最高成就装备起来，横渡重洋；人们穿狂风，破恶浪，急于到荒无人烟的平原上，寻找其同类决战；他们寻找自己的同类，也不怕狂风暴雨，都为的是亲手消灭自己的同类。即使在人们好像都在法律之下平等地联合起来的国度里，以可敬的法律名义占统治地位的东西也仍然大部分是暴力与诡计；在那里战争进行得更加卑鄙无耻，因为这战争是不宣而战，以致使受攻击者不可能制定保卫自己，反抗非正义暴力的方案。大多数同胞陷于愚昧无知和罪恶不幸之中，一小撮人却对

此兴高采烈，公然宣称他们最向往的目的就是让大多数人处于这种境地，更深地陷于这种境地，从而使大多数人永远成为他们的奴隶；谁敢对大多数人做启蒙工作，改善其境遇，他们就会使谁遭殃。无论在什么地方，现在都依然不可能制定这样一种进行某项改良的方案，这种方案似乎不会打乱一大批五花八门的、自私自 (II，270)
利的目的，并引起战争，这种方案似乎不会把极其不同的、彼此矛盾的思维方式联合为反对自己的一致斗争。善总是比较软弱的，因为它很单纯，只能为其自身而讨人喜欢；恶则以最诱人的许诺吸引着每个人；作恶的人们彼此之间始终战争不断，一旦有善出现，他们就签订休战协定，以便用他们那联合起来的为恶的力量来对抗善。然而，善也几乎不需要这类对抗，因为行善的人们也往往由于误会、错误、猜疑和隐私而相互斗争，分崩离析——每个善人愈是认真努力贯彻自己认为最佳的见解，他们之间的斗争也就愈激烈；这样，他们就在他们彼此的内讧中，把一种即使联合起来也很难与恶相抗衡的力量消耗掉了。一方责备另一方莽撞从事，急于求成，不善于等待到好结果已有适当准备的时候；另一方则责备前一方胆小怕事，无所作为，违背着自己的良好信念，想让一切原封不变，而以为行动的时机绝没有到来。每个人都几乎把他恰好最明显地觉得必要的、最有能力完成的事业，认为是最重要、最迫切的，是其他一切改良的必然出发点；每个人都要求所有行善的人和他同心协力，为实现他的目的而服从他，都认为他们拒绝这样做就是对美好事业的背叛；同时，别人也从自己的角度对他提出同样的要求，同样会因为他不肯合作而说他背叛。这样，人间的一切良好方案看来就都流于徒劳的努力了，这些努力

(II,271) 并没有留下人们生存的任何痕迹。与此同时,一切事物却像能不借助于这些努力,而靠自然的盲目机械作用进行下去一样,都或好或坏地进行下去,而且将永远这样进行下去。

一切事物将永远这样进行下去吗?绝不再会这样进行下去,除非人的整个生存只是一场失去目的、毫无意义的游戏。那些野蛮种族不可能会始终停留在野蛮状态中;没有一个种族能够以达到完人的一切天赋诞生出来,同时却仿佛注定绝不发展这些天赋,绝不变得比某种聪明动物凭靠天性所能变成的东西更高明一些。那些野蛮人注定要成为更有力量、更有文化、更有德行的后代的祖先,否则就不能想象他们生存的目的,甚至也不能理解他们生存在这个合理安排的世界上的可能性。野蛮种族可以变得文明,因为它们已经变得文明,而且连现今世界上最文明的民族也是起源于野蛮人。不论文明是直接从人类社会自然而然地发展出来的,还是往往必须通过外来的教化与示范产生出来,因而一切人类文明的最初起源都必须到超人的教化中去寻找,反正从前的野蛮人现在已经达到文明,现在的野蛮人也将通过同样的道路,渐渐获得文明。当然,他们也同样要经受最初的单纯感性文明所带来的危险与腐败,这类东西直到现在还在苦恼着文明民族;但是,他们将由此而终于同人类的伟大整体联合在一起,将能参与这个整体的不断进步。

我们人类的使命就是把自身联成这样一个唯一的整体,这个(II,272) 整体的一切部分都彼此有透彻的了解,到处都得到同样的文化教养。自然从一开始便在奔向这个目标,而且连人们的情欲与恶行

也是如此；如今奔向这一目标的大部分路程已经过去，我们可以满有把握地预计，这个目标，这个社会不断进步的条件，届时将会达到。大家切勿去问历史，人们整个来说是否完全变得更有道德。人们的确成长起来，获得了范围更广阔、内容更丰富、力量更巨大的自由，但由于他们的地位使然，他们几乎必不可免地要把这种自由仅仅用于罪恶方面。同样，大家也不要去问历史，在古代世界集中到几个少数地点的审美教养与知性文化是否会在程度上超过近代世界。可能发生这样的事情：人们得到一个令人惭愧的答案，从这方面看人类在自己成熟的时期仿佛不是向前推进了，而是向后倒退了。不过，大家可要去问历史，在什么时候现有的文化教育传播得最广泛，为最大多数个人所享有。大家无疑会发现，从开始有历史到我们今天，少数光明的文化点已经从其中心扩展开，感化了一个又一个人，一个又一个民族；文化教育的这种更加广泛的传播过程就在我们眼下继续进行。——这就是人类在自己无限的前进道路上必须达到的首要目标。在达到这个目标以前，在每个时代现有的文明分布到全部有人类居住的地球上，我们人类能够毫无限制地相互交往以前，在共同前进的道路上一个民族必须等待别的民族，一个地区必须等待别的地区，并且每个地区或民族都必须为这种普遍的联合——它们本身之所以存在，就是唯独为了这种联合——而将其数百年表面上的停顿或倒退作为牺牲。在将来达到那个首要目标以后，在地球上的一端发现的一切有用东西立刻为其他一切地区所知晓，并传达给其他一切地区以后，人们就会没有停顿和倒退，而不断地用共同的力量和统一的步伐把自己提高到我们现在还缺乏了解的文明 (II, 273)

境界。

在那些把无理性的偶然事件联合起来，被我们称为国家的奇特社团内部，在它们仅仅安宁地存在了一段时间，新压迫引起的反抗已经松懈，各种不同的力量的酝酿也已经平息以后，对自由的滥用就会由于自己的继续存在和公众的容忍态度而采取一种固定的形式，并且那些毫无争议地享受着自己的既得特权的统治阶层除了扩展这种特权，甚至给这种扩展赋予同样固定的形式以外，就再也没有任何事情可做了。这些统治阶层为它们的不满足感所驱使，将一代一代地扩展这种特权，它们绝不会说“这就够了”，以致最后压迫达到了最高的限度，变得完全不能令人忍受，被压迫者将反过来从绝望中获得一种力量，而这种力量是他们那数百年来业已被消磨殆尽的勇气所不能给予他们的。于是，被压迫者对于任何不乐意平等待人的同胞就再也不能忍耐了。为了防止内部彼此之间的暴力活动和新的压迫，所有被压迫者彼此之间都将承担同样的义务。在他们缔结的协议中，每个人决定他所决定的东西，都是涉及他自己，而不是涉及这样一个下属，这个下属的不幸绝不会使他自己感到痛苦，这个下属的命运也绝不会落到他自己身上；按照这种协议，没有一个人会希望自己成为**做出**许可的非正义事情的人，相反地，每个人都必定害怕自己**遭受**非正义的事情——这种唯独应该称为立法的协议，完全不同于贵族联盟向其无数群奴隶发布的法令；这种协议将定然是公正的，将定然建立起一种真正的国家，在这种国家里每个人都由于关心他
(II，274) 自己的安全，而必然不得不毫无例外地维护一切其他人的安全，因为在合适的法律制度里，他想施加于另一个人的任何伤害并不

是落到另一个人身上，而是无可置疑地反过来落到他自己头上。

由于建立了这种唯一真正的国家，由于奠定了国内和平的这种巩固基础，对外的战争、至少是与其他真正的国家的战争就不可能发生了。每个国家即使为了它自己的利益，即使为了不在它自己的公民中引起关于不义、抢劫与暴力活动的思想，而使他们除了用辛劳在合法范围内获取所得以外，就绝没有任何获利的可能，也必须严格禁止、谨慎防范、勒令赔偿和严厉惩罚本国公民对邻国的损害，就像这种损害是施加于本国公民一样。这种保障邻国的法律就是每个不做强盗国家的国家所必需的法律。通过实行这种法律，就完全消除了一国对他国作任何公正控诉的可能，消除了各民族之间发生任何紧急防卫的情况。在各国之间并不是必然永远存在着一种可能引起争斗的直接关系；通常存在的仅仅是一个国家的公民个人对另一个国家的公民个人的关系；一个国家所能受到的损害仅仅局限于它的某个公民；但这种损害会立刻得到赔偿，从而使受到侮辱的国家感到满意。——在这样的国家之间，绝没有可能受到侮辱的等级，也绝没有可能受到损害的虚荣心；没有一个官吏有权干涉别国的内部事务，他也不可能受到引诱，去做这样的事情，因为这样的事情不可能给他带来丝毫好处。为了掠夺，一个国家一致决议向邻国作战，这是不可能的，因为在一个人人平等的国度里，掠获物并不会成为少数几个人的战利品，而是必须在所有的人之间平均分配，但个人所得的这个 (II, 275)
份额绝不会抵偿他为战争付出的辛劳。只有在少数压迫者获得好处，而害处、辛劳与费用都落到无数群奴隶身上时，掠夺战争才可能发生和可以理解。——这些真正的国家会担心向自己发动

战争的，不是与它们相同的其他国家，而仅仅是那些没有劳动致富的技能，因而必然会从事掠夺的野蛮人，或者是那些可能受其主人的驱使，从事一种于己毫无所获的掠夺活动的奴隶民族。与野蛮人相比，每个真正的国家由于有文明的艺术，无疑已经比较强大；与奴隶民族相比，一切人的共同利益都要求联合起来，加强自身。没有一个自由的国家能够明智地容忍在自己旁边有这样一类制度，这类制度的首领们得到他们奴役邻近民族的好处，因此这类制度单靠其存在就不断地威胁着邻邦的安宁；一切自由国家对其自身的安全的关切使它们不得不把自己周围的一切邻邦都同样改变为自由的国家，因此为了它们本身的幸福，它们也不得不把文明的王国扩展到野蛮人中，把自由的王国扩展到自己周围的奴隶民族中。自由国家开化或解放了的这些民族，很快就同它们那些还处于野蛮状态或奴隶状态的邻邦具有一种在不久以前自由国家还同它们本身具有的关系，并且不得不对那些邻邦做自由国家刚才对它们本身做过的事情；因此，在仅仅出现若干真正自由的国家以后，文明和自由的王国以及随之而来的普遍和平就必然会逐渐囊括全球。

这样，一种国内法律制度的建立和各个人之间的和平的巩固就必然会产生出各个民族彼此在对外关系方面的公正态度，产生出各国的普遍和平。但那种国内法律制度的建立和将会变得真
(II，276) 正自由的第一个民族的解放，却必然是产生于统治阶层对被统治阶层不断增长的压迫，这种压迫历时甚久，以至变得不能令人忍受；这是一种进步，我们可以很冷静地认为它是由统治阶层的情欲与昏聩引起的，尽管统治阶层谨防着这一后果。

在这个唯一真正的国家里，一切作恶的诱惑，甚至按照理智决意为恶的可能，都被消除殆尽了，而且人只要可能，就会把自己的意志指向善。

没有一个人喜欢恶，是因为恶不好；他在恶中喜欢的仅仅是好处与享受，恶向他预示这类东西，并且在人类现在的状况下也往往确实给他提供这类东西。只要这种状况继续存在，只要恶行有利可图，整个人类的根本改善就几乎没有希望。但在一种将来存在的、理性要求的、思想家容易描绘——虽然他迄今在任何地方都没有发现——的、第一个真正解放自己的民族必将形成的市民制度中，在这样一种制度中，恶却绝不表示好处，而是表示千真万确的坏处，并且单纯的自爱会制止自爱过度，使它不致流于非正义的行为。根据这样一种国家里的确实可靠的制度，对于别人的任何欺骗压迫，任何损人利己的行动，不仅肯定无效，枉费心机，而且甚至转向始作俑者；他想施加给别人的恶，恰恰不可避免地损害了他自己。无论在本国之内，还是在本国之外，在整个世界上，他都遇不到一个他不受处罚而可以伤害的人。大家不必担心，虽然有人绝不能实现恶，而且除了给他自己的伤害以外，他从恶中也毫无所得，他却会单纯为了决定作恶而决定作恶。利用自 (II, 277)
由来作恶的情形已经消除了；人必须下定决心，或者完全消除他的这种自由，以忍耐的态度变为整个世界的大机器中的一个消极受动的齿轮，或者把他的这种自由应用于善。因此，善就在这样准备就绪的土地上容易生长发育了。在各类自私自利的目的不再能把人们分离开，也不能把人们的力量消耗在他们彼此之间的斗争中以后，留给他们的任务就只是把他们的联合力量指向仍然

留给他们的那个唯一的共同敌人，即进行反抗的、未加开发的自然；他们既然不再为私人目的所分离，所以就必然会为一个唯一的共同目标而把他们自己联合起来，这样就产生了一个群体，它无论在什么地方都是受同一种精神和同一种情爱的鼓舞。个人的每一害处既然不再可能是任何别人的好处，所以也就是全体的害处，是全体中每个分子的害处，对于这种害处每个分子都有同样的痛感，都用同样的活动去补偿；一个人作出的任何进步都是整个人类作出的进步。在个人的渺小狭隘的自我已被法制消灭的这个地方，每个人爱任何别人，真像爱他自己，他是一个伟大自我的组成部分，这个大我唯独对他的爱感兴趣，而他在这个大我中也不过是一个只能与整体共同分担得失的单纯组成部分。在这里，恶反对善的斗争消除了，因为已经不再能出现恶。为善的人们彼此之间的争执也由于善而消失了。现在，他们很容易真正为了善本身而喜欢善，而不是为了他们这些善的创始人本身而喜欢善；现在，他们仅仅还能关心的事情，就是应该发现真理，完成有益的活动，而不是谁应该做这样的事情。在这里，每个人总是
(II, 278) 准备把自己的力量与别人的力量联合起来，使自己的力量服从于别人的力量；谁能根据所有的人的判断，最好地完成最好的事情，谁就会受到所有的人的拥护，而所有的人也会以同样的欢乐心情分享他的成就。

这就是我们尘世生活的目的，理性给我们提出这个目的，并且保证它一定能达到。这绝不是我们为了在某种伟大事物上运用我们的力量，似乎必须全力追求，但又似乎必须认为不能实现

的那种目标；这个目标应该实现，一定会实现，并且一定会在某个时期达到；这样的事情就像存在着一个感性世界和在时间上有一个理性族类那样确实无疑，对于这个理性族类来说，除了通过那个目的以外，根本没有任何严肃的、合理的事情是可以思议的，而且这个族类的生存也唯有通过这个目的才可以理解。如果整个人类生活不会变为一出供恶魔观赏的戏剧，而恶魔给可怜的人们培植这种追求永恒事物的不可根除的意向，原来纯粹是为了拿他们不断追逐他们不断躲避的东西来取乐，拿他们总是重复捕捉又从他们那里溜走的东西来开心，拿他们无休无止地徘徊于永远周而复始的循环过程作消遣，而嘲笑他们对这类无聊的滑稽戏竟采取那么严肃认真的态度；如果聪明人会立刻看穿这出戏剧，不乐意在其中继续扮演他的角色，但不弃绝生活，认为他醒悟到走向理性之日也就是他在尘世上死亡之时，那么，这个目的就一定会达到。噢，这个目的能够**在**生活**中**并**通过**生活达到，因为理性命令我们去**生活**；这个目的是能够达到的，因为我存在。

III

但是，如果这个目的已经达到，而且人类要停留在这个目的地，那人类将怎么办呢？在地球上再没有比这个状态更高的状态；最初达到这个状态的一代人所能做的，也无非是坚决待在这 (II, 279) 一状态，竭力维护这一状态，他们死后留下一些将会做他们刚才做过的事情的后代，而这些后代又会留下一些做同样的事情的后代。这样，人类就会在它的道路上停滞不前；因此，人类的尘世目标绝不是它的最高目标。这类尘世目标是可以理解的、可以达到的和有限的。如果我们总是把过去的各代人设想为供最后臻于完善的一代人使用的手段，我们就回避不了严肃的理性所提出的问题，即这最后一代人究竟又是为什么目的而生存呢？在地球上已经出现一代人以后，他们当然不会过着违反理性的生活，而会过着合乎理性的生活，并且会变为他们在地球上所能变成的一切；但这一代人为什么毕竟会完全生存下去呢？他们为什么不老待在虚无的发源地呢？理性不是为了生存而存在，而是生存为了理性而存在。一种不能靠自身的力量使理性得到满足，并解决理性的一切问题的生存，绝不可能是真正的生存。

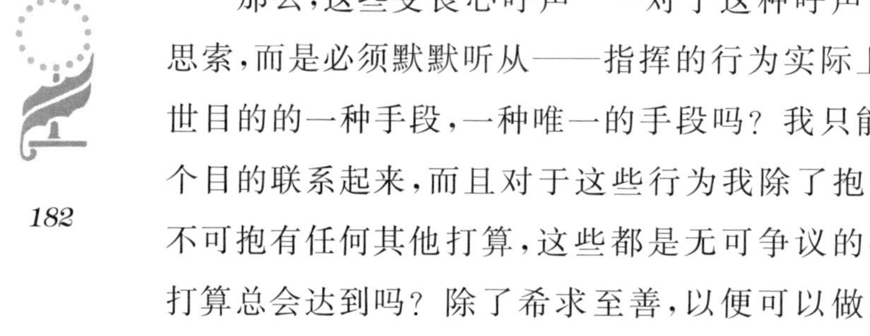

那么，这些受良心呼声——对于这种呼声的命令，我绝不可思索，而是必须默默听从——指挥的行为实际上也是达到人类尘世目的的一种手段，一种唯一的手段吗？我只能把这些行为同这个目的联系起来，而且对于这些行为我除了抱有这个目的以外，不可抱有任何其他打算，这些都是无可争议的事实；但我的这个打算总会达到吗？除了希求至善，以便可以做到至善以外，就不再需要任何别的东西吗？呵！绝大多数善意决断对这个世界都完全徒劳无用，而其他的善意决断看来甚至于还会对人们在这些行为中所树立的目的起反作用。反之，人们的最卑鄙的情欲，他们的恶行和他们的懒惰，倒比那种决意祛恶求善的正直人的努力，往往更有把握导致更好的结果；看来世界上的至善是完全不
(II, 280) 依赖于人们的一切德行或恶行，而按照自己固有的规律，通过一种看不见的未知力量成长和发展的，就像各个天体不依赖于人们的一切努力而沿着它们的指定的轨道运行一样，而且看来这种力量在它自己的崇高计划中就是带着人们的一切打算——好的或

坏的——前进的，并以非凡的势能把为其他目的所从事的行为用于它自己的目的。

因此，即使达到那个尘世目标可能是我们生存的目的，因而不会给理性留下任何问题，但这种目的看来也至少不是我们的目的，而是那种未知力量的目的。我们在任何时刻都不知道，是什么东西导致这一目的；给我们留下的工作，也许无非就是用我们的行动把某种材料——不管它是什么——添加给那种力量，让那种力量按照自己的目标去加工改造它。在这种情况下，让我们不对那些与我们无关的事物劳神费心，而是像我们每每突然想到的那样去生活，并把取得的成就冷静地转交给那种力量，这或许成了最聪明的办法。于是，我们心灵深处的道德规律就仿佛变得空洞和多余了，而且对于一种好像既不再能够达到，也不注定要达到更高境界的生物来说，仿佛是根本不合适的。为了与我们自己一致，我们似乎就得拒绝听从这道德规律的呼声，而把它作为一种在我们心中出现的错误愚蠢的梦想压制下去。

不，我不愿拒绝听从道德规律的呼声，我是很真实地生活和存在的，我愿意听从它，完全是因为它发布命令。这个决断应该是我心灵中首要的和最高的东西，一切其他东西都以这个东西为准则，而这个决断却既不以任何其他东西为准则，也不以任何其他东西为转移；这个决断应该是我精神生活中最内在的原则。

但是，我作为通过自己的单纯决断就在自己面前树立起一个目的的理性生物，却绝对不能不为什么目的和目标而行动。假如我能承认那种听从是合理的，假如这实际上是构成我的本质的理

(II, 281) 性，而不是一种虚构的或古怪的梦想，它命令我服从，那么，那种听从就必定会终归有某种成就，并用于某种东西。那听从显然不是服务于尘世的目的；因此，必定存在着一个超凡世界，那听从可以为这个世界的目的服务。

蒙蔽的迷雾从我眼前消失了；我得到一种新的官能，用它看到一个新的世界。这个世界是我仅仅通过理性命令看到的，也仅仅与我心灵中的这个命令有联系。我把握这个世界——我虽然受着我的感性观点的限制，却不得不这样称呼这个不可称呼的东西——我仅仅是在我的听从必定具有的那个目的之中和目的之下把握这个世界；这个世界完全不是别的东西，而是我的理性添加给命令的这个必要目的本身。

既然这种听从中唯一重要的东西在感性世界里毫无用处，既不能成为原因，也不能产生结果，那么，我怎么也会不考虑一切其他因素，而相信这规律是为感性世界推测出来的，规律所要求的整个听从的目的就包含在感性世界里呢？在按照物质的因果链条不断发展的感性世界中，在产生出来的东西依赖于在先发生的东西的感性世界中，重要的问题绝不在于**用什么方式、抱什么目的和信念**从事一种行动，而仅仅在于**这种行动是什么**。

假如我们生存的整个目的都在于创造我们的族类的尘世状态，那么，这就似乎只需要一种决定我们外部行为的绝无差错的机械作用了，而我们除了充当妥帖地安装在整个机器上的齿轮以外，也就似乎不必再成为任何东西了。这样，自由就会不仅是徒
(II, 282) 劳无用的，而且甚至于是违反目的的；善良意志也会成为完全多

余的。世界仿佛是用极其不精巧的技艺建立起来的，仿佛是用铺张浪费的方式，通过迂回曲折的道路向着自己的目标行进的。你这个强大的世界精神，似乎宁愿从我们这里夺走你煞费苦心，另作安排，定然要使之适合于你的计划的这种自由！似乎使我们简直不得不像我们要为你的计划而行动那样去行动！这样，你也许就像你的世界上最渺小的居民所能告诉你的那样，经过最短的道路，达到了你的目标。——但是，我是自由的；因此，这样一种使自由成为绝对多余和毫无目的的因果联系，并不能穷尽我的整个使命。我应该是自由的；因为并不是机械地产生的行动，而是自由的自由规定仅仅为了道德命令，并完全不为任何其他目的——良心的内在呼声这样告诉我们——才构成了我的真正的价值，而且唯有这种规定才构成了这种价值。规律使我与之联系的纽带，是活生生的精神的纽带；它不屑于驾驭僵死的机械力量，而唯独转向活生生的、自身能动的东西。它要求这种听从；这种听从不可能是多余的。

这样一来，就在我面前更加光辉地升起了永恒的世界，它的秩序的根本规律明显地摆在我的心灵的眼前。在这个世界中存在的，纯粹是那种在我心灵的晦暗隐秘处不为一切世俗眼睛所见的意志，是那种贯穿于整个不可见的精神领域里的因果链条的首要环节，就像在非永恒的世界里作为某种物质运动的行动成为贯穿于整个物质系统里的物质链条的首要环节一样。这意志是理性世界的致动的和生动的东西，就像运动是感性世界的致动的和生动的东西一样。我处于这两个直接对立的世界的中心点上，一

个世界是行动起决定作用的可见的世界，另一个世界是意志起决
(II, 283) 定作用的不可见的和完全不可理解的世界；我是这两个世界的原始力量之一。正是我的意志，包括了这两个世界。这意志本身就是超感性世界的组成部分；正像我通过某种决断推动我的意志一样，我在这个世界中也推动和改变某种东西，我的作用遍及这整个世界，并产生崭新的、永恒的东西，这种东西就存在于那里，而不需要加以创造。这意志爆发为物质的行动，而这行动属于感性世界，并在感性世界中产生它所能产生的结果。

我并不是在从凡俗世界的联系中得救以后，才得到进入超凡世界的门径；我现在就在超凡世界里存在和生活，比在那凡俗世界中更为真实；超凡世界现在就是我唯一的牢固立脚点，我早已拥有的永恒生命就是我还能继续过尘世生活的唯一根据。我们所谓的天堂并不在坟墓的彼岸；它已经散布在我们的自然周围，它的光芒已经投射到每个纯粹的心里。我的意志是我的，它是整个属于我的、完全依赖于我自己的唯一东西，我通过这种东西现在已经成为自由和理性的独立活动的王国的公民。我的意志——我从尘世升入这王国所依靠的唯一东西——的哪种决定符合于这个王国的秩序，我的良心，即那个世界用以不断控制我，把我与它自身结合起来的纽带，每时每刻都会告诉我；而要赋予我以指定的使命，则完全取决于我自己。于是，我就为这个世界而修养我自己，我在这个世界中劳动，并且为这个世界而劳动，因为我在修养这个世界的一个成员；我在这个世界中，并且只有在这个世界中，才毫不动摇和毫无疑虑地按照固定的规则追求我的目的，而确有取得成功的把握，因为在这里绝没有任何异己的力

量与我的意志相对立。——在感性世界中，我的意志只要实际上是应有的意志，也就会变为行动，这不过是感性世界的规律而已。我并不像希求意志那样希求行动；只有意志才完全纯粹是我的工 (II，284) 作，意志也是纯粹从我本身产生的一切。要把行动跟意志结合起来，也并不需要我这方面的一种特殊活动；行动会按照第二个世界的规律，把自身与意志结合起来，我通过我的意志而与这个世界联系起来，这意志在第二个世界中就像在第一个世界中一样，是一个原始力量。——当我把良心提供给我的意志视为行动，视为感性世界的致动因时，我当然不得不把意志作为手段，与人类的那种尘世目的联系起来；但并不是我似乎必须首先通观世界计划，然后才根据所得到的见解，估计我应该怎么办，而是良心直接命令我去做的特定行动向我直接表现为这样一种行动，唯有通过这种行动，我才能在我的状况下有助于达到人类的尘世目的。虽然事后我觉得行动似乎没有促进目的，甚至于阻碍了目的，但行动并不会因而使我反悔，我也不会使我自己在这件事情上被弄糊涂；当我从事于行动时，我确实仅仅听从了我的良心。无论行动会给这个世界带来什么后果，它给另一个世界所能产生的却只是善。而且甚至对这个世界来说，正因为行动显得没有达到自己的目的，所以我的良心就命令我去按照目的再重复同一行动，或者，正因为行动显得阻碍了自己的目的，所以我的良心就命令我去克服缺点，消除那类阻止成功的因素。我像应该希求的那样希求；新的行动有了结果。虽然可能会出现一种情况，那就是我觉得这新的行动的一些结果在感性世界中并不比在超感性世界中更为有益；但在考虑到另一个世界时，我仍然同样冷静地对待这些结

果，并且对于现在的世界来说，我的任务就是用新的活动改善已往的状况。因此，尽管看来我在我的整个尘世生活中都没有使善在这个世界上有丝毫进展，我却不可放弃善；在每一步骤失败之后，我都必须相信下一步骤可能成功，而且对于那个世界来说，事实上也没有一个步骤是白费力气的。——概括地说，我达成尘世
(II, 285) 目的，并不是单纯为了尘世目的本身，把它当做终极目的，而是因为我的真正终极目的——服从道德规律——在现在的世界中对我表现得不同于达成尘世目的。假如我有朝一日可以不服从道德规律，或者，假如这个规律有朝一日在尘世生活中对我会表现得不同于在我的情况下达成我的真正终极目的这一道德命令，那么，我也许可以放弃这个目的；实际上，我也将在另一种生活中放弃这个目的，在这种生活中道德命令给我设定了在此岸世界完全无法理解的另一种目的。在这种生活中我必须**希求**达成这种目的，因为我必须服从；至于这种目的是否会由合乎规律的意志所产生的行动**真正达成**，这不是我关切的事情；我只对**意志**——它在此岸世界中当然只能指向尘世目的——负责，而不对结果负责。在行动之前，我绝不能放弃这目的；但在行动完成之后，我却可以放弃行动，可以重复或改善行动。因此，甚至在这里我也是按照我的最真正的本质和我的最切近的目的，仅仅为了另一个世界而生活和活动的，而我为另一个世界所进行的这种活动是我完全有把握的唯一活动；对于感性世界来说，我只是为了另一个世界而活动，因为我如果不至少希求为另一个世界而活动，就完全不能为它而活动。

我要使自己坚持，我要使自己安于对我的使命的这种在我看来全新的观点。——现在的生活不可能用理性方式被设想为我的生存和整个人类的生存的全部目的；在我之内有某种东西，而我也要求这种东西，它在这整个生活里都不适用，并且对于地上所能产生的最高成就来说是完全无目的的和多余的。因此，人必须有超越尘世生活的目的。但是，假如现在的生活——它毕竟给 (II, 286)
人安排就绪，可能只是注定要发展理性，因为已经觉醒的理性确实命令我去维护它，用一切力量达成它的最高目的——在我们生存的序列中不是完全徒劳无用的，那么，它与未来的生活的关系就必定至少像手段与目的的关系。在这现在的生活中，除了善良意志以外，没有一样东西的最后结果不停留在尘世上，没有一样东西能把现在的生活与未来的生活联系起来；而那善良意志在这个世界里，由于这个世界的根本规律，在自身也根本不会产生任何结果。我们为另一种生活和它在那里给我们提出的最近目标进行劳动所依据的，只能正是善良意志，也必定正是善良意志；使我们在那种生活中首先获得牢固的立脚点，然后才能由此不断前进的，正是这善良意志所产生的那些不能由我们看到的结果。

我们的善良意志在其自身、为其自身和靠其自身就必定会有结果，**这**是我们从这种生活中已经知道的，因为理性绝不要求任何无目的的东西；但这些结果会是**什么**，一个单纯的意志怎么竟然有可能产生某种结果，对于这类问题，我们只要仍然囿于这个物质世界，就连设想也不能设想，而且根本不从事一种我们早已知道的、会使我们失败的探讨，正是智慧之所在。因此，从这些结

果的性质看，现在的生活在未来的生活方面就是一种**在信仰中**的生活。在未来的生活中我们将拥有这些结果，因为我们将用我们的活动把它们作为出发点，在它们之上不断进行建设；因此，这另一种生活在我们的善良意志于现在的生活中所产生的结果方面(II, 287)将成为一种**观照**的生活。我们也将在这另一种生活中获得一个给它提出的最近目标，就像我们已经在现在的生活中获得现在的生活的目标一样，因为我们必定是永远能动的。但我们依然是有限的生物，对于这样的生物来说，任何活动都是特定的活动，而且特定的行动就有特定的目标。在现在的生活中，业已发现的现存世界、这个世界给我们必须从事的劳动所作的合乎目的的安排、在人们当中业已达到的文化与善行以及我们自己的感性力量，都同现在生活的目标有关系，同样，在未来的生活中，我们的善良意志于现在生活中所产生的结果也会同未来生活的目标有关系。现在的生活是我们生存的开端，现在生活的设施与牢固的基础是被自由地赐予我们的；未来的生活是这种生存的继续，为了未来的生活我们必须给我们自己获得一个开端，获得一个特定的立脚点。

这时，现在的生活就不再显得是徒劳无用的了；我们之所以有现在的生活，就是为了并且仅仅是为了在未来的生活中获得这个牢固的基础，只有借助于这个基础，现在的生活才与我们整个的永恒生存联系起来。很可能，连这第二种生活的最近目标也像现在生活的目标一样，由于力量有限而不可能确实有把握按照规则达到，甚至在第二种生活中善良意志也显得是多余的和无目的的。但是，善良意志却不会像在现在的生活中那样失败，因为它是必然永远存在的、不可或缺的理性命令。因此，它的必然的作用或许会在这种情况下把我们引向第三种生活，在这种生活中善良意志从第二种生活产生的结果也许会被指出来，而且这种生活在第二种生活中也许只能加以**信仰**；当然，这是在我们已经以行动体验到理性的真理性，又察觉到忠实保藏在臻于完善的生命里 (II, 288)
的纯粹心灵之果以后，用更加牢固、更加不可动摇的信念做到的。

正像在现在的生活中唯有从一定行动的命令里才产生出我们关于一定目标的概念，并从这目标产生出对于在我们面前给定的感性世界的整个直观一样，在未来的生活中也将在一种类似的、我们现在完全不可思议的命令的基础上建立起关于这种生活的最近目标的概念，并在这目标的基础上建立起对于这样一个世界的直观，在这个世界中，我们的善良意志的结果是在现在的生活里预先给予我们的。现在的世界一般只有通过职责的命令才对我们存在；另一个世界也同样只有通过另一职责的命令才会给我们产生出来，因为对于任何理性生物都绝没有一个世界是以另一方式存在的。

因此，这就是我的整个崇高使命，我的真正本质。我是两种秩序的成员，一种秩序是纯粹精神的，在那里我以纯粹意志进行统治，另一种秩序是感性的，在那里我以我的行动发挥作用。理性的全部终极目的就是它那绝对通过自身而不需要自身之外的工具的纯粹能动性，即不依赖于一切非理性东西的独立性，绝对的无制约性。意志是理性的活生生的本原，当理性纯粹地、独立地加以把握时，意志本身就是理性；理性是通过自身进行活动的，这就意味着纯粹的意志是单纯作为这样的意志而发挥作用和进行统治的。只有无限的理性才直接地、完全地生活在这纯粹精神的秩序中。不是理性世界本身，而只是这个世界的许多成员之一的有限者，必然同时生活在感性秩序中，这就意味着：在感性秩序里，除了纯粹理性活动以外，这种秩序还向有限者呈现出另一目
(II, 289) 的，呈现出一个用工具和力量达成的物质目的，这些工具和力量虽然受着意志的直接支配，但它们的作用也受它们固有的自然规律的制约。然而，正像理性确实是理性一样，意志必须完全通过自身，独立于决定行动的自然规律而发挥作用；因此，有限者的任何感性生活都预示着一种更高的生活，意志仿佛单纯通过它自身就把有限者引入这种更高的生活里，并在那里给有限者弄到一份所有物——这份所有物当然又会以感性方式向我们表现为一种状态，而绝不是表现为一种单纯的意志。

这两种秩序——纯粹精神的秩序和感性的秩序，后者可能是由一个望不到尽头的特殊生命系列构成的——从能动理性在我之内发展的最初瞬刻起就已经存在，并且彼此并行不悖。后一秩序对于我自己和那些与我处于同样的生活境地的人们来说，仅仅是一种现象；唯独前一秩序给予后一秩序以意义、合目的性和价值。一俟我下定决心，听从理性规律，我就是不朽的、长存的和永恒的；我不必变成这样。超感性的世界绝不是未来的世界，它是现在的；它在有限生存的任何一个点上都不比在另一点上会是更加现在的；在无数生命存在以后，它也不比在这个瞬刻会是更加现在的。我的感性生存的另一些规定是未来的；但这些规定就像现在的规定那样，并不是真正的生命。我以那种决心把握永恒，

弃绝尘世生活，弃绝我还可能面临的一切其他感性生活，而使我自己高高地君临于这些生活之上。我对我自己变为我的一切存在和现象的唯一源泉；从现在起，我不受在我之外的某种东西的制约，而有了在我自身之内的生活。我的意志是我自己而不是别人安排到那个世界的秩序里的，它就是真正的生命和永恒的这种源泉。

但是，也只有我的意志是这源泉；只有我把这意志认为是道德上的善的真正所在，确实把它提高为这种善，我才得到对于那 (II, 290) 个超感性世界的确信和占有。

我应该不展望某种可以理解的、可以看见的目的，不探讨我的意志是否会产生某种不同于意愿本身的东西，而按照道德规律去希求。我的意志是独立存在的，它与一切不属于意志的东西相分离，单纯由它自身、为它自身而成为它自己的世界；不仅它是绝对**第一位的东西**，在它面前没有任何干预它、决定它的其他环节，而且它也绝不产生任何可以思议的、可以理解的**第二位东西**，从而使它的作用服从于一种异己的规律。假如在我们可以思议的、与精神世界对立的感性世界中从它产生了一个第二位东西，又从这第二位东西产生了第三位东西，如此等等，以至无穷，那么，它的力量就会由于感性世界中那种需要发动的、独立的环节的抵抗，而遭到破坏；作用的方式不再完全会符合于意愿表示的目的概念，意志会依然不自由，而部分地受到它的异类作用范围的独特规律的限制。——所以，在现在的、唯独我熟知的感性世界中我也确实必须考虑意志。我当然不得不这样相信，不得不这样行动，好像我设想到我的意愿能使我的舌头、我的手脚运动起来，但

是，一种单纯的气息、理智力量对自身的一种压力怎么会像意志那样，成为尘世有重物质运动的本原，我却不仅不能设想，而且连单纯这么主张在静观知性法庭面前也是荒谬绝伦的；在这个领域里，甚至我自身之内的物质运动也必须完全由单纯物质的内在力量来解释。

但是，我之所以获得关于我的意志的上述观点，却仅仅是由于我在我自身之内察觉，这个意志不仅是这个世界的最高能动本原——它当然会在没有任何真正自由的情况下，通过整个世界体
(II, 291) 系的单纯影响而成为这样的本原，大致就像我们必须设想自然的形成力量那样——，而且它完全弃绝一切尘世目的，弃绝一切在它之外存在的目的，而为了它自身把它自己树立为最终目的。仅仅是关于我的意志的这样一种观点，就把我引渡到超感性的秩序，在那里，意志纯粹通过它自身，而不借助于一切在它之外存在的工具，就在一个与它相当的、纯粹精神的、能被它彻底深入的范围里成为原因。合乎规律的意愿完全是为了它自身而被要求的——这一认识我只能作为事实在我心灵深处发现，而不能通过任何其他途径得到——这就是我的思维的第一个环节。这个要求合乎理性，是一切其他合理事物的源泉和准则，这个要求不以任何东西为转移，而是一切其他东西都必须以它为转移，由它来决定——这一信念我又不能从外部得到，而只能通过我自由地给予那个要求的不可动摇的赞助，从内部得到——这就是我的思维的第二个环节。从这些环节出发，我才达到对于超感性的永恒世界的信仰。如果我放弃第一个环节，我就不能再谈第二个环节。假如情况果真像许多人说的那样，人的一切德行总是仅仅抱有特

定的外在目的，在可能行动和成为德行以前，就必定有把握达到这个目的，因此理性在它自身之内根本不包含它的活动的本原和准则，而是通过对它的外在世界的考察才从外部获得这准则，并且这些假想的情况不经过进一步的证明就可以假定为自身明显的，就可以赞颂为生活智慧的最高顶峰——假如情况果真是这样，那么，在此岸世界也许就会有我们生存的终极目的，人的本质也许就可以由我们的尘世规定完全穷尽和彻底阐明，而用我们的 (II, 292)
思想去超越现在的生活的任何合理根据似乎也就不存在了。

但是，不论哪个思想家，如果他能从某个地方——例如从寻求新颖的、非凡的事物的活动中——历史地得到那第一个环节，并且能完全正确地进一步由此作出推论，那他就会像我刚才向我自己说的那样去说教。这样，他向我们报告的就是别人生活的思维方式，而不是他自己生活的思维方式；一切东西都在他面前空洞地、毫无意义地飘浮过去了，因为他缺乏我们用以把握一切东西的实在性的官能；他是个盲人，这盲人虽然完全看不到颜色，却在关于颜色的若干从历史上传授下来的正确命题上建立起了一种完全正确的颜色理论；他能说出在某些条件下情况**必定是**怎样的，但对他来说情况并不**是**如此，因为他不是在这些条件下存在的。我们之所以得到了把握永恒生命的官能，仅仅是由于我们确实放弃了感性东西及其目的，而把它们献给了那个只管我们的意志、不管我们的行动的规律；我们用以放弃它们的态度，就是我们坚决相信这个做法合理，并且是唯一合理的做法。只有这样弃绝尘世东西，才在我们的心灵中出现对于永恒东西的信仰，并把这

信仰单独树立为我们在弃绝一切其他东西以后也还能依赖的唯一支柱，树立为还能提高我们的情绪、鼓舞我们的生活的唯一有生气的原则。诚然，为了能够进入上帝的天国，我们必须按照一种神圣教义的比喻，首先从这世界消亡，然后又被诞生。

(II，293) 我看见，呵，我现在明显地看见我从前不留心或看不到精神事物的原因了。如果我们抱有满腔尘世目的，用种种想象与热忱忘怀于这些目的，仅仅为那实际上会在我们之外产生的结果的概念所策动与驱使，为对于这种结果的渴求与爱好所策动与驱使，而对自行立法的、给我们树立纯粹精神目的的理性的真正推动作用却毫无感觉，冥顽不灵，那么，不朽的心灵就会依然被固定在土地上，被束缚住自己的羽翼。我们的哲学是我们自己的心灵与生命的历史，并且像我们寻找我们自己一样，我们也思考整个的人及其使命。如果只为渴求这个世界上实际可能产生的东西所驱使，我们就没有真正的自由，——这自由仿佛在其自身就绝对完全具有其规定的根据。我们的自由充其量是自我发育的植物的自由；我们的自由并非就其本质而言是更高级的，而是仅仅在结果方面是更艺术的，不是用根、叶、花仅仅产生一种物质，而是用意向、思想与行动产生一种心情。关于真正的自由我们简直不能想象，因为我们并未拥有这种自由；在谈到这种自由时，我们或者是把这个词汇降低到我们的意义上，或者是干脆把这个说法斥责为荒谬的。由于对自由的认识，我们也就同时丧失了认识另一个世界的官能。所有这类东西都在我们面前飘浮过去了，既像对我们毫无所指的词汇，又像一种没有颜色、没有意义的灰白阴影，它

是我们无法把握与保持的。我们让一切东西都原封不动，各就各位，而丝毫不加以干预。或者，如果有一天激昂的热忱推动我们去认真考察这类东西，那么，我们就会明显看到并且能够证明，那一切观念都是不能成立的和毫无内容的幻想，有理智的人抛弃了它们；从那些作为我们的出发点的、来自我们自己的最深体验的前提来看，我们完全正确，而且我们只要依然如故，就是不可反驳 (II, 294)
和不听规劝的。那些在我们人民中间享有特殊权威的有关自由、职责和永恒生命的卓越教义，对我们变成了神奇的寓言，类似于古希腊的地狱天堂说教，而我们恰恰没有表露我们心里的真正想法，因为我们觉得，用这些比喻在群氓中维持表面上可敬的威望是相宜的；或者，假如我们很少进行思考，而且自身也受这权威的羁绊的束缚，那我们自身就会沦为真正的群氓，因为我们相信这样理解的东西也许仅仅是幼稚的寓言，并且在那纯粹精神的暗示中发现一种诺言，要把我们在此岸生活中所过的同一种可怜的生活永远继续下去。

一言以蔽之：只有彻底改善我的意志，才在我这里对于我的生活与我的使命升起一线新的光芒；如果没有这种改善，不论我怎么苦思冥想，不论我具备多少突出的精神禀赋，在我之内和在我周围也都不过是一片黑暗。只有心灵的改善，才导致真正的智慧。既然如此，那就让我的整个生活不停地奔向这唯一的目的吧！

IV

我的合乎规律的意志单纯作为这样的意志，在其自身和由其自身，就将肯定无疑地、毫无例外地产生结果；我的意志的每个合乎职责的规定，即使没有产生任何行动，也将在我们所不理解的另一个世界里发挥作用，而且除了这合乎职责的意志规定以外，在这世界将没有任何东西发挥作用。——然而，我设想的是什么呢？当我设想这一点时，我是以什么为前提呢？

显然，这是一条规律，是一条毫无例外的有效的规则，合乎职(II, 295)责的意志必须按照这条规则产生出结果来；这正像在我周围的凡俗世界里，我假定了一条规律，按照这条规律，一个球体在被我的手用一定力量，推向一定方向时，就必然会沿着这个方向以一定量的速度不断向前运动，也许以一定量的力量碰撞到另一球体上，这时另一球体又以一定的速度不断向前运动，如此递进，以至无限。在这里，我已经用我的手的单纯方向与运动，认识和把握了以后的一切方向和运动，确信它们好像就在眼下，并且已经被我知觉到了，同样，在精神世界中我也用我的合乎职责的意志，把握一系列必然的和不可避免的结果，仿佛它们就在眼下，只是我不能像规定物质世界的结果那样，去规定精神世界的这些结果，就是说，我只知道它们必将如此，但不知道它们怎么会如此；正因为我是这么做的，所以我就设想了精神世界的一条规律，我的纯粹意志就是这个精神世界的动力之一，宛如我的手是物质世界的动力之一。坚定我的信心和设想精神世界的这条规律完全是一回事；它们不是两种思想，似乎一种是借助于另一种产生的，相反地，它们完全是同一个思想，正像我据以计算某种运动的确信和对于某种机械自然规律的设想是一个思想一样。规律这个概念，根本不表示任何其他东西，而是表示理性对于定理的坚定的不可

动摇的依赖性和假定相反的情况的绝对不可能性。

我假定有精神世界的这样一条规律，这条规律既不是我的意志给予的，也不是某种有限生物的意志和一切有限生物联合起来的意志给予的，而是我的意志和一切有限生物的意志都服从这条规律。哪怕是理解一个单纯的意志如何产生一些结果，这些结果可能有什么性质，都既不是我能办到的，也不是某种有限的、因而在某些方面属于感性的生物能办到的，因为它们的有限性的本质 (II, 296)
正在于它们不能理解这一点。——我和某种有限生物虽然完全控制着单纯意志本身，但通过自己的感性，却必然把意志的结果视为一些感性状态；——因此，我或某种有限生物究竟怎么会把我们大家既不能设想，也不能理解的那种东西设定为目的概念，从而认为它有现实性呢？——我不能说，在物质世界中，我的手或这个世界包含的、万有引力定律决定的某个物体给出了运动的自然规律；相反地，是这物体服从于这个自然规律，而且只有符合于这自然规律，并根据这规律分有自然中的普遍动力，才能推动另一物体。同样，有限的意志也没有给予有限精神无法把握的超感性世界以规律，相反地，一切有限意志都服从于超感性世界的规律，并能在这个世界中产生出某种东西，之所以如此，仅仅是因为这规律已经存在，一切有限意志本身都按照适用于有限意志的超感性世界的根本规律，以职责感使自己服从这规律的制约，并进入这规律发生作用的范围；我说职责感，是指那种把一切有限意志与超感性世界联结起来的唯一纽带，是指从超感性世界下达到有限意志的唯一神经，是指一切有限意志能够用以反作用于超感性世界的唯一官能。万有引力遍及一切物体，使它们与它自身

联系起来，从而把一切物体联为一体，并且只有以万有引力为前提，各个物体的运动才是可能的；同样，那超感性规律也把一切有限的理性生物联为一体，把它们保持在它自身之内，并在它自身把它们整理就绪。——我的意志和一切有限生物的意志都可以从一种二重性的观点来看：一方面可以被看做单纯的意愿，被看做对自身的内在活动，就此而言，意志已在自身臻于完善，而以单纯的活动告终；另一方面，可以被看做某物，被看做一个事实。只(II, 297)要我把意志视为业已臻于完善的，它就对我成为某物；但它也必须在我之外成为这样的东西：在感性世界中成为运动本原，例如成为我的手的运动本原，从我的手的运动又产生出其他的运动；在超感性世界中成为一系列精神结果的本原，而关于这些结果我没有任何概念。从第一种观点来看，意志作为单纯的活动完全在我的控制之中；它成为后一种东西，成为这种第一本原的东西，不是取决于我，而是取决于我所服从的一种规律，即感性世界中的自然规律，取决于超感性世界中的一种超感性规律。

然而，我所设想的这类精神世界的规律究竟是什么呢？——这个概念现在就在这里，具有固定的和完善的形态，我不能或不敢给它添加任何东西；我仅仅想向我自己解释与分析这个概念。——显然，这绝不是我的感性世界或某种可能的感性世界中的那类规律，仿佛某种他物作为单纯的意志会以这类规律为前提，仿佛一种受意志推动而发展出内在力量来的持久的、静止的存在会以这类规律为前提；因为——这诚然是我的信仰的内容——我的意志应该完全凭靠它自身，而不借助于一切削弱它的表现的工具，在一种完全与它类似的领域里，作为理性对理性发挥作用，作为精神事物对精神事物发挥作用；然而我的意志却不给予这个领域以生命、活动和进步的规律，而是这个领域在其自身就有这类规律；因此，我的意志是对自身能动的理性发挥作用。但自身能动的理性就是意志。因此，超感性世界的规律应该是一种意志。

这是这样一种意志，这种意志单纯作为意志发挥作用，是靠它自身，而绝不借助于任何工具，或借助于它所影响的感性材料；这种意志完全由它自身而同时成为行动与结果，它的愿望是实干，它的要求是建树；因此，在这种意志中就表现了理性绝对自由与自身能动的要求。这是这样一种意志，这种意志在它自身就是规律，它不是按照好恶与想象，按照过去的思考、犹豫与摇摆决定自身，而是永远不变地被规定了的；我们可以确实无误地依赖这种意志，就像凡人确实依赖其世界的规律一样。这是这样一种意 (II, 298)
志，在这种意志中有限生物的合乎规律的意志有不可避免的结果，然而也仅仅是这种意志有这样的结果，因为这种意志对于一切其他东西来说是不动的，而一切其他东西对于这种意志来说则简直是完全不存在的。

因此，那崇高的意志并没有离开其他理性世界而独自走它自己的道路。在它与一切有限理性生物之间存在着一种精神纽带，而且它自身就是理性世界的这种精神纽带。——我纯粹地、坚决地希求我的职责，所以它也希求我至少在精神世界中获得成功。有限生物的每个合乎规律的意志决断都涉及它，或用我们的语言来说，都推动和规定它，这并不是根据一种即兴的喜悦，而是根据它的存在的永恒规律。这个迄今还用昏暗向我笼罩着的思想，现在以惊人的明朗性涌现在我的灵魂的面前，这个思想就是：我的意志单纯作为意志，靠它自身就有结果。它之所以有结果，是因为它被另一个与它有关的意志准确无误地、直接地知觉到，而这另一个意志本身就是行动，就是精神世界的唯一生命原则；**在这另一个意志中**，它有它的最初结果，**通过**这另一个意志，它才对其余的精神世界发挥作用，而其余的精神世界无论在什么地方都只不过是那无限意志的产物而已。

这样，我就汇合——凡人必定会从他的语言中选用这个词汇——到那另一个意志中去了；我灵魂深处的良心呼声在我的每个生活状况下都向我教导说我该怎么办，它正是那个意志又反过来向我汇合的渠道。这呼声是仅仅由我的环境体现在感性方面的、由我的知觉转变为我的语言的永恒世界的神谕，这神谕向我宣示，我应该如何履行我在精神世界秩序中或在无限意志中的职责，而这无限意志本身确实就是精神世界秩序。我不能统观和透视那精神秩序，而且我也不需要这么做；我仅仅是精神秩序的链
(II, 299) 条中的一个环节，我不能判断整体，正如合唱中的一个单音不能判断整体的和谐一样。但我自己在这精神的和谐中应该是什么，我却一定知道，因为只有我自己才能使我做到这一点，而且从那个精神世界传给我的一种呼声也直接向我启示出这一点。所以，我是与**现实存在**的太一相结合的，并且分有它的存在。在我这里除了我的良心呼声和我的自由服从这两个成分之外，绝没有任何真正实在的、持久的、不变的东西。通过前者，精神世界向我俯首，拥抱我，把我当做它的一员；通过后者，我把我自己提高到这个世界，把握它，对它发挥作用。那无限的意志是精神世界与我

之间的中介，因为那无限意志本身是精神世界与我的源泉。——这就是唯一真实的与不灭的东西，我的心灵从其最内在的深处就向往这种东西；一切其他东西都是单纯的现象，它们逐渐消逝，而复归于一种新的假象。

这个意志把我与它自身联结起来；这个意志把我与一切同我类似的有限生物联结起来，并且是我们大家之间的共同中介。就不可见世界是**许多单个意志的世界或系统**，是**许多独立的、互不依存的意志的联合与直接相互作用**而言，这就是不可见世界的伟大秘密和根本规律；在无人注意或无人感到惊奇的情况下，这一秘密就在现在的生活中明显地摆在一切眼前。——给每个人都提出他的特殊职责的良心呼声，是我们借以从无限出发，被树立为单个的、特殊的生物的一道光线；这呼声划定我们的人格的界限；因此，这呼声是我们的真正原始组成部分，是我们所过的一切

生活的基础与素材。我们从无限同样带到时间世界里的意志绝 (II, 300)
对自由，是我们这生活的原则。——我行动。假定了感性直观，认为我唯有通过它才成为人格的理智力量，就很容易理解，我怎么会一定知道我这行动；我之所以知道这行动，是因为在那里行动的正是我自己；——也很容易理解，我的精神**行动**怎么会借助于这种感性直观，对我表现为**感性世界中的行动**，或反过来，本身纯属精神的职责命令怎么会借助于这种感性化，对我表现为**这样一种行动的命令**；——也很容易理解，一个现存的世界怎么会对我一方面表现为这种行动的条件，另一方面则表现为这种行动的结果与产物。因此，我总是仅仅停留在**我自己之内**，停留在我自

己的领域里；对我存在的一切都纯粹完全是从我自身发展出来的；无论在什么地方，我都在仅仅直观我自己，而绝不直观在我之外的任何异己的、真正的存在。——但在我这世界中我也同时假定其他生物的活动，它们正像我自己不依赖于它们而独立存在那样，也应该不依赖于我而独立存在。这些生物如何能独自认识从它们自身产生的活动，也是很容易理解的；它们用我认识我的活动的那同一种方式，认识它们的这些活动。但是，正像**我**怎么能认识它们的活动是绝对不可理解的一样，**它们**怎么能认识我的存在和我的表现也同样是不可理解的，而我关于它们的这种知识毕竟是想象出来的。既然我们的自我、我们的活动及其感性条件的意识从我们发展出来所依据的原则——即每个理智力量都必定无可争议地知道自己所做的事情——在这里简直不能适用，那么，其他生物怎么进入我的世界，我怎么进入它们的世界呢？既然我们知道，各个自由的精神是唯一实在的东西，它们据以相互

(II, 301) 影响的独立感性世界根本不能再加以设想，自由的精神怎么会有关于自由精神的知识呢？或者，如果你想告诉我，我通过那些与我类似的理性生物在感性世界中引起的变化，就知觉到了这些生物，那么，我倒又要反问你，你究竟怎么能知觉到这些变化本身呢？我很理解你怎么知觉到单纯自然机械力量引起的变化，因为这种机械力量的规律无非是你自己的思维规律，你按照它进一步给你自己发展出一个突然设定的世界。但是，我在这里谈的这些变化不可能是由自然机械力量引起的，而是由一种凌驾于一切自然之上的自由意志引起的，只有你从这方面观看它们，你才能从它们推论出与你类似的理性生物。那么，这种在你之内的、你能

据以认识其他绝对不以你为转移的意志的规定的规律可能是什么呢？——简言之，自由生物在这个世界上的这种相互认识与相互作用是按照自然规律与思维规律完全无法理解的，而只能由那个既使各个自由生物相互联系，又使它们各自分离的太一来解释，由那个在自己的范围里保持和负载万物的无限意志来解释。我们相互具有的认识并不是直接由彼到己、由己到彼交流的；我们已经被一个不可超越的界限分离开。只有通过我们共同的精神源泉，我们才相互认识；只有在这个源泉里，我们才彼此了解，相互作用。——“在这里要尊重地上的自由形象，在这里要尊重带有自由标记的作品”，那意志的呼声在内心里向我这么唤呼，它只有在给我提出职责时，才与我交谈；唯独这才是我由以承认你和你的作品的原则，因为良心命令我尊重这个原则。

那么，我们的感觉、我们的感性直观和我们的严格推理的思维规律——在所有这些东西上建立起了我们看见的、我们以为自己在其中相互影响的感性世界——究竟是从什么地方来的呢？(II, 302)
关于后两者，即关于直观与思维规律，如果回答说这是理性本身的规律，那就等于没有给出任何令人满意的答案。当然，对于我们这些陶醉于理性领域的人们来说，甚至不可能设想另一种理性或一种服从其他规律的理性。理性本身的真正规律仅仅是实践规律，是超感性世界的或那个崇高意志的规律。如果我们想在目前撇开这一点而不加讨论，我们对各种**感觉**——它们毕竟是某种实证的、直接的和不可解释的东西——的普遍一致性究竟是从什么地方来的呢？我们大家都看见这同一个感性世界，这取决于对感觉、直观与思维规律的这种一致性。

研究单纯知识的哲学回答说，这是我们族类的有限理性生物的一种一致的、不可理解的限制，有限理性生物正因为一致受到限制，才成为一个族类，而且这个答案一定会作为这一哲学的最高原则保留下来。但是，除了**那本身是理性的东西**以外，什么能限制理性呢？除了无限意志以外，什么能限制一切有限意志呢？我们大家对于给生活奠定基础的、仿佛预先给定的感性世界的这种一致性，作为我们的职责的领域——严格来看，这个领域就像我们对于我们彼此自由的产物的一致性那样，是不可理解的——是唯一的、永恒的与无限的意志的结果。我们对于我刚才考察的这种一致性的信仰，作为对我们的职责的信仰，实质上就是对这个无限意志、对它的理性和它的忠实的信仰。然而，我们在感性世界中假定和信赖的真纯真理究竟是什么呢？这无非是：从我们在这个世界上忠实地、自由地完成职责的活动里，将发展出一种永远促进我们的自由与伦理的生活。如果发生了这一情况，那么，我们的世界就有真理，就有对有限生物唯一可能的真理；这一
(II，303) 情况必定会发生，因为这个世界是我们之内的永恒意志的结果；但这个意志按照其存在的规律，除了业已确定的目的以外，却不可能给有限生物赋予任何其他终极目的。

因此，那永恒意志当然是世界的创造者，而且只有**在有限理性中**它才能是这样的创造者，只有**在有限理性中**才需要这样的创造。那些认为永恒意志用永恒惰性物质创造世界——这世界就像人手制作的工具一样，也只能是惰性的和无生命的，而且从自身不可能产生永恒的发展过程——的人们，或那些以为可以思议从虚无创造出某种物质东西的人们，既不了解世界，也不了解永

恒意志。假如只有物质才是某种事物，那么，无论在什么地方就都只有虚无，而且无论在什么地方也依然永远只有虚无。但是，只有理性存在着；无限的理性是自在地存在的，有限的理性则是在无限理性中，并通过无限理性而存在的。只有在我们的心灵中永恒意志才创造出一个世界，至少创造出我们**由以**发展出一个世界的东西和我们**借以**发展出一个世界的东西，即职责的呼声和感觉、直观与思维规律的一致性。正是**永恒意志的**光芒，使我们看到光明和在这光明中显现给我们的一切。在我们的心灵中**永恒意志不断地塑造**这个世界，干预这个世界，因为一俟另一自由生物对这个世界有所改变，这个意志就以职责的呼声干预我们的心灵。在我们的心灵里永恒意志**维护着**这个世界，从而维护着唯独我们能有的有限生存，因为这个意志不断地让其他状态从我们的状态中产生出来。在永恒意志按照它的较高目的，为我们的最近使命对我们作了充分检验以后，在我们为这一使命对我们自己作出充分修养以后，它就通过我们所谓的死亡，毁灭了我们当前的世界，把我们引入一个新的世界，即引入我们在这个世界上合乎职责的行动所产生的结果中。我们所有的生命都是它的生命。我们掌握在它的手中，永远掌握在它的手中，而且没有一个人能使我们摆脱它的手掌。我们之所以是永恒的，即因为它是永恒的。

崇高的、生动的意志，你不可名状，不可理解！我谨将我的心 (II, 304)
灵升向你那里，因为你与我并不是分离的。你的呼声在我这里鸣响，我的呼声在你那里回响；我的一切思想，只要是真的和善的，就都是想到你的。在你这位不可理解者中，我对我自己变得完全

可以理解，世界也对我自己变得完全可以理解，我的一切生存之谜都得到了解答，而在我的心灵里产生出最完满的和谐。

天真无邪、诚实素朴的人对你知道得最清楚。在他看来，你是深知他的内心生活的知心人，是他的信念的永久的、忠实的见证人，即使他遭到全世界的误会，也只有你知道他用意诚恳，唯有你了解他。在他看来，你是永远对他抱有善意，为他的至善而竭尽自己的一切所能的慈父。他把他的整个心身都献给你的善意决断。他说，“要像你希望的那样对待我；我知道，这将是善的，因为正是你这样做的。”那种只听到你的声音，但绝没有见过你的面貌的苦思冥想的人，想教导我们认识你的真正本质，却给我们树立了一个自相矛盾的、外形丑陋的东西，冒充你的形象，而使略具常识的人觉得滑稽可笑，使智慧善良的人感到憎狞可怕。

我在你面前蒙住我的脸面，举手祝福。就像我决不可能变为你自己一样，我绝不能看到你怎样对你自己存在，你怎样向你自己显现。在过了千百万年精神生活以后，我将依然像现今在这用泥土造成的茅屋里一样，不能理解你。——我所理解的东西，都通过我的单纯理解，变成了有限的事物；这种有限的事物即使用无限提高、无限上升的方式，也绝不会被人们转变为无限的事物。你与有限事物的差别，不在于程度，而在于种类。他们用那种无限提高的方式，只能把你弄成一个更伟大的人，并且总是把你弄成一个更伟大的人，而绝不会把你弄成不能度量的上帝或无限者。——我只拥有这种用严格推理方法不断前进的意识，而绝不能设想别的东西。我怎么可以认为你有这样的意识呢？在人格概念中包含着各种限制，我怎么能把这个概念推广到你身上，而不带有这些限制呢？

我不想探讨那种由于我的本质有限而对我不可理解的东西，不想探讨那种对我可能不会有什么用处的东西；你怎么在你自身存在，我不想知道。(II, 305) 但是，不论我成为我应该成为的什么东西，你与我这个有限者和一切其他有限者的关系，都经常摆在我的眼前，而且这种关系在我周围比那对我自己的生存的意识更为明显。你在我之内引起了关于我的职责、关于我在理性生物序列中的使命的认识；但你是怎样引起这种认识的，我却不知道，我也不需要知道。你知道和认识到我思考和希求什么；但你怎么能知道我思考和希求什么，你用哪种活动产生了这类意识，我却不了解，虽然我甚至很清楚地知道，关于一种活动、尤其是关于一种特殊意识活动的概念，仅仅对我有效，而对你这位无限者则无效。你有希求，因为你希望我的自由听从永远有结果；但我不理解你的意志的这种活动，而只顶多知道这活动与我的活动不相同。你有行动，而且你的意志本身就是行动；但你的活动方式与我唯一能设想的活动方式简直完全相反。你有生命，并且是存在的，因为你的知识、希求与活动对有限理性无所不在，无时不在；但你的存在却不同于我永远唯一能设想的那一种存在。

在对你与我这个有限者的这种关系的直观中，我想宁静与幸福。我只直接知道我应该做什么事情。我想自由地、快乐地和坦率地做这事情，因为正是你的呼声命令我做它的，它是精神的宇宙计划对我的决定；我借以完成它的力量就是你的力量。那呼声命令我去做的事情，用这力量去完成的事情，在精神的宇宙计划

中确实是真正善的。我在这世界的一切事件里都是宁静的，因为
(II, 306) 所有这些事件都是在你的世界中。既然你有生命，而且我在观照你的生命，那就没有任何事情能使我错乱、诧异或沮丧。因为在你之内，并且通过你，呵，无限者，我甚至看到我现在的世界是处于另一种光芒的照耀之中。自由生物的命运与活动中的自然与自然结果，相对于你来说，变成了一种空洞的、毫无意义的词汇。不再有自然存在了，而是你，只有你才存在着。我不再觉得，现在世界的终极目的在于单纯为了人类的普遍和平状态，而仅仅应该使这种状态和人类对机械自然力量的绝对统治被创造出来，相反地，我觉得现在世界的终极目的在于人类的普遍和平状态应该由人类本身创造出来，因为这种状态是大家都期望的，这种状态应该由大家作为一种伟大的、自由的、道德的共同体创造出来。对于个人来说，除了他的合乎职责的意志以外，就绝没有任何新颖的和更好的东西；对于这种共同体来说，除了共同的合乎职责的意志以外，就绝没有任何新颖的和更好的东西，这就是伟大伦理王国的根本规律，而现在的生活则是这一王国的一个组成部分。所以，个人的善良意志对于这个世界就常常是徒劳的，因为这类意志仅仅还是个别人的意志，大多数人的意志与它并不一致，而且它的结果也只有见诸未来的世界。因此，甚至人类的情欲和恶行看来都有助于达到更好的东西；当然，这不是由于它们本身，因为从这个意义上说，恶绝不可能产生善，而是由于它们能与相反的恶行保持平衡，最后以自己的优势消灭掉相反的恶行，同时也以相反的恶行消灭掉它们自身。除非人们的怯懦、卑贱与相互猜忌给压迫铺平了道路，压迫就绝不能得势。直到压迫消除了怯懦

与奴才意识，绝望又唤醒业已失去的勇气时为止，压迫都会继续增长。于是，两种相反的恶行就会相互消灭，而一切人类关系中最高尚的东西、即永久的自由则将由此诞生。

严格地说，一些自由生物的行动仅仅是对另一些自由生物产 (II, 307)
生了结果，因为只有在这些自由生物中，唯独对于这些自由生物，才有一个世界，而我们大家一致同意的东西则正是这个世界。但是，一些自由生物的行动也只有通过那个无限的、为一切个人作中介的意志，才在其他自由生物中产生出结果来。这个意志对我们发出的一种唤呼、一种通告，总是一种令我们完成一定职责的要求。因此，甚至在世界上我们称之为恶的那种事情，即滥用自由的结果，也仅仅是通过**那个意志**而存在的；这自由之所以对一切向往自由的人们存在着，仅仅是因为这就把职责加给了他们。假如在我们的伦理教养与我们整个族类的教养的永恒计划里恰恰这些职责不应加给我们，那么，在实际生活中这些职责就不会加给我们，而那种加给我们职责的手段，即我们称之为恶的事情，也就不会发生了。就此而言，在这里**发生**的一切事情都是善的和绝对合乎目的的。只有一个世界是可能的，这个世界就是一个彻底善的世界。在这个世界上发生的一切事情都是用于人类的改善和教养，从而用于达到人类的尘世目标的。这个更高的宇宙计划正是我们称之为自然的东西，因为我们说，自然把人类由匮乏引向勤劳，由普遍混乱的弊端引向一种法治，由他们那连绵不绝的战争的苦难引向最终的永久和平。无限者，唯独你的意志，唯独你的天意，才是这个更高的自然。——这件事情也只有心地单纯而不矫揉造作的人才知道得最清楚，因为他把这种生活视为达

到永恒的一个考验与教养的场所，视为达到永恒的一所学校，因为他将他所遇到的一切命运都看做是微不足道的，而将你那把他引向善的安排看做是极其重要的，因为他坚决相信，一切事物都必须用于那些热爱自己的职责并且了解你的人们的至善事业。

呵！在我过去生活的日子里，我确实处于黑暗状态；我确实
(II, 308) 一错再错，而自视聪明。神奇的精灵，我现在才全部懂得从你嘴里说出的这种令我如此诧异的教诲，虽然我的知性与它毫无对立之处；因为现在我才按照它的一切结果，理解它的全部范围和它的最深根据。

人并不是感性世界的产物，他的生存的终极目的在感性世界里是不能达到的。他的使命超越了时间与空间，超越了一切感性事物。他是什么，他应该为什么目的造就他自己，他一定知道；既然他的使命是崇高的，他的思想也就必定完全能凌驾于一切感性限制之上。他必当如此；在他的存在定居的地方，必然也有他的思想；真正最合乎人性的、唯独符合于他的身份的观点，表现出他的全部思维力量的观点，是这样一种观点，通过这种观点，他使自己凌驾于感性限制之上，一切感性事物都对他纯粹转变为虚无，转变为唯一常存的非感性事物在肉眼中的单纯反照。

许多人都不用巧妙的思维，而全靠他们的伟大心灵与他们的真纯伦理本能，就上升到了这种观点，因为一般说来他们首先仅仅是用心灵在信念中生活的。他们用他们的做法否认了感性世界的作用与实在性，在规定他们的决断与措施时认为这种作用与实在性是虚无，当然，他们并没有用思维由此弄清楚这个做法甚

至对思维力量也是虚无。那些在这里敢说“我们的老家在天上，我们在这里没有什么久待的地方，而是在寻找未来的地方”的人们，那些把“从这世界消亡，又重新被诞生，并且就在这里进入另一种生活”作为自己的根本原则的人们，无疑不会认为一切感性事物有丝毫价值，用学院语言来说，他们是实践先验唯心主义者。

另一些人则除了我们大家与生俱来的感性行为方式以外，也还以他们的思维在感性中加强自身，与感性扭到一起，与感性同 (II, 309)
样得到增长，这些人也只有用不断进行的、推勘到底的思维，才能永远完全把自身提高到感性之上；否则，他们纵然有最真纯的伦理信念，也总会又被他们的知性拉下来，他们的整个本质会仍然是一种不断加以设定、永远不可解决的矛盾。对于这些人来说，我现在才完全了解的那种哲学就成了这样一种首要力量，这种力量可以使心灵脱去束缚自己的外壳，展开自己的双翼，于是心灵就首先飘浮到自身之上，并鸟瞰自己遗弃的外壳，以便今后在更高的领域里生活与驰骋。

但愿我有福气得到一个时刻，那时我下定了决心，思考我自己和我的使命。我的一切问题都得到了解决；我知道我能知道的事情，我绝不对我不能知道的事情操心。我得到了满足；我的精神的完全和谐与清明状态开始了，我的精神的一种新的、更加壮丽的存在开始了。

我的全部完整的使命，我不能了解；我应该成为什么，我将是什么，这超越了我的一切思维能力。这使命的一部分对我自己是遮蔽起来的，只有对一种精神，即这使命所托付的精神之父，是可见的。我只知道,这使命对我确实可靠,这使命就像精神之父本身那样永恒宏伟。但这使命的那个托付给我自己的部分,我却了解,我完全了解,而且这个部分是我的一切其余的认识的根源。我在我生活的每个瞬刻都确实知道我应该做什么,就我的使命取决于我而言,这就是我的整个使命。既然我的知识不能超过这一点,我就不应该离开这一点;我不应该超出这一点去希求任何知
(II, 310) 识;我应该固定在这个唯一的中心点里,我应该在其中扎根。我的一切想象与热忱、我的整个禀赋都应该指向这个点,而这个点也应该把我的整个生存交织到它自身之内。

我应该尽我的一切所能,培养我的知性,给我获取知识;但必须不顾一切,下定决心,从而在我之内给职责准备一个更大的规模和更广阔的活动范围;我应该希求许多东西,这样才能达成许多东西。我应该从每个方面运用我的力量和技能,但这完全是为了在我身上给职责配备一种更有用途、更加技巧的工具;因为直到命令超出我的整个人格,进入外部世界时为止,我都在为此而对我的良心负责。我应该尽我的所能,在我之内表现出完满的人性,但这不是为了人性本身;人性本身没有丝毫价值,相反地,这是为了又在人性中表现出唯独自身有价值的德行的最高完善性。我应该用我的心身,用我之内的一切,把我仅仅视为履行职责的工具,并且尽我的所能,仅仅关心我完成职责,关心我**能够**完成职责。但是,一俟命令——如果它实际上仅仅是我服从的命令,如果我实际上仅仅意识到我服从命令的唯一纯粹目的——超出我的人格而进入世界,我便不必再操心了,因为从这时起命令进入了永恒意志之手。从这时起还要操心,就会是我加于我自己的无

谓痛苦，就会是对永恒意志的不信仰与不信赖。我决不应该随心所欲，想取代永恒意志而管理世界，在我的良心中不倾听永恒意志的呼声而倾听我的有限明智的呼声，并且用目光短浅的个人的片面计划去代替永恒意志的统观全局的计划。我知道，我必然会因此而脱离开永恒意志的秩序，脱离开一切精神生物的秩序。

正像我以恬静与顺从的态度尊重这更高的安排一样，我也应 (II, 311)
该在我的行动中尊重那些在我之外的其他生物的自由。问题不在于**它们**应该按照我的概念做什么，而在于为了推动它们做它们的事情，**我**可以做什么。但是，只有在社会的秩序和它们自己的意愿所允许的范围里，我才能希望直接影响它们的信念和它们自己的意志，而绝不能不顾它们的信念和它们的意志，去影响它们的力量与关系。它们亲自负责做它们所做的事情，在这里我不能或不可改变它们所做的事情，而永恒意志则将把一切事物导向至善。对我来说，重要的事情是我尊重它们的自由，而不是我阻止或取消那种在它们的自由的应用中我觉得恶的东西。

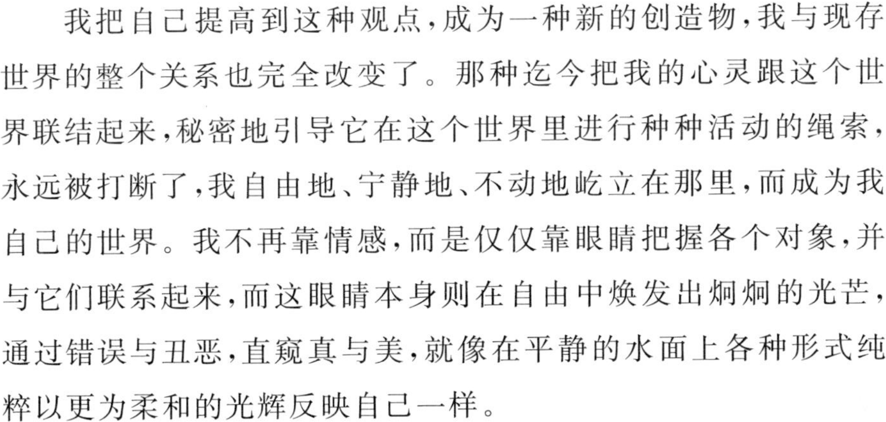

我把自己提高到这种观点，成为一种新的创造物，我与现存世界的整个关系也完全改变了。那种迄今把我的心灵跟这个世界联结起来，秘密地引导它在这个世界里进行种种活动的绳索，永远被打断了，我自由地、宁静地、不动地屹立在那里，而成为我自己的世界。我不再靠情感，而是仅仅靠眼睛把握各个对象，并与它们联系起来，而这眼睛本身则在自由中焕发出炯炯的光芒，通过错误与丑恶，直窥真与美，就像在平静的水面上各种形式纯粹以更为柔和的光辉反映自己一样。

我的精神对于困境和纷乱，对于犹豫、怀疑和畏惧是锁闭的；我的心灵对于悲痛、懊悔和贪婪是锁闭的。只有一件事我能知道，那就是我应该做什么，而且我总是绝对无误地知道这件事。对于一切其他事物，我毫无所知，而且我知道我对一切其他事物毫无所知，我牢固地坚持我的这种无知，而不臆想和推测我不知
(II, 312) 道的事物，使我对这类事物自相矛盾。世界上没有任何事件能通过哀乐之情打动我；我冷静地、漠然地俯视一切，因为我知道，我既不能解释任何单一的事件，也不能了解它与我唯独关心的事件的联系。一切发生的事情都属于永恒世界的计划，都在这个计划中**是**善的，我所知道的就这么多；在这个计划中什么是纯粹的收获，什么仅仅是铲除现存恶行的手段，什么会使我或多或少地感到高兴，我不知道。在这个计划的世界中，万物生长，繁荣昌盛；这使我感到满意，我的这种信仰坚如磐石，不可动摇；但在这个计划的世界中什么只是种子，什么是花朵，什么是果实本身，我却不知道。

我能关心的唯一事情是理性与伦理在理性生物王国里的进步，而这仅仅是为了理性生物本身，为了进步。达到这个目的的工具是**我**，还是**另一个人**，成就或阻碍这一事业的是我的行动，还是另一个人的行动，这对我完全无所谓。无论在什么地方，我都只把我看做达到理性目的的工具之一，我重视和钟爱我自己，对我仅仅作为这样的工具表示关切，并仅仅在我的行动促成这个目的时希望我的行动获得成功。因此，我完全是以同样的方式，单纯从这个唯一目标方面看待世界上的一切事情的，而不管这些事情是出于我还是出于别人，是直接与我自己有关，还是与别人有

关。对于那关乎个人屈辱的烦恼，对于那涉及个人功绩的狂喜，我的心胸是锁闭的，因为我的整个人格对我来说早已在目标的直观中消逝与沉没了。

尽管往往有一种表面现象，似乎真理现在完全被压制得默然无声，德行被铲除得荡然无存，似乎非理性与恶行施展出了它们的一切力量，而简直完全不会令人觉得它们不是理性与真正的智慧；尽管正当一切善人都希望人类的处境变得更好时，这种处境却变得从来都没有这么糟糕；尽管那种已经有良好开端，为心地 (II, 313)
善良的人用殷切希望的眼睛所注视的事业，突然出乎意料地变成了最卑鄙无耻的事情，这类情况也不会使我失去自制能力，正如在另一种情况下，尽管看来启蒙运动突然繁荣昌盛，自由独立得到大力传播，温和宽厚、公平谦让在人间蔚然成风，这种表面现象也不能使我怠惰疏忽，竟然确信似乎万事均已告成。——我觉得事情就是这样；或者，事情也就**是**这样，对我来说确实是这样。在那两种情况下，我都像一般在任何可能的情况下一样，知道我应该进一步做什么事情。对于一切其余的事情，我依然处于最完善的宁静状态，因为我对一切其余的事情都毫无所知。那些使我很悲伤的事件，在永恒者的计划中可能是达到很好的结果的直接手段；那恶反对善的斗争可能是它所进行的最后的重要斗争，而且这一次它可以集聚它的一切力量，以便丧失这些力量，显露出它的整个软弱无能的真相。那些使我高兴的现象可能是建立在很可疑的基础上的；我视为启蒙的东西，也许只是一种貌似理性的肤浅东西和对一切观念的反感；我视为独立自主的东西，也许只是刚愎自用和放荡不羁；我视为温和敦厚的东西，也许只是倦怠

懒散。我虽然不知道这件事,但事实可能如此,所以,我正像没有理由对前者感到高兴一样,似乎也没有理由对后者感到悲伤。但我知道,我处于最高智慧与至善的世界中,这最高智慧完全彻底地观照着自己的计划,绝对无误地执行着自己的计划;我坚持这个信念,我是有福气的。

有一些本来注定要理性与伦理的自由生物,却反对理性,施展出它们的各种力量,促进非理性与罪恶,这种现象同样不能使我失去我的自制能力,不能使我寄托于恼怒与愤慨的力量。它们(II,314)因为善之为善而憎恨善,它们由于纯粹喜欢恶本身而促进恶,这种颠倒虽然可以使我义愤填膺,但我却不归咎于任何具有人的面貌的生灵,因为我知道在人的天性中并不包含这种颠倒。我知道,对于一切如此行动的人们来说,只要他们如此行动,就一般不存在什么恶或善,而只存在令人愉快的事物或令人不愉快的事物;我知道,他们一般不受他们自己的支配,而是受自然力量的支配,而且不顾善恶,全力追求前者,回避后者的,并不是他们本身,而是他们之内的这种自然力量。我知道,他们在一旦成为他们所是的东西以后,就至少不能不像他们的行动那样行动;我远不对这种必然性感到愤慨,或对这种盲目的、无意志的自然力量感到恼怒。当然在这里恰恰有他们的过错与卑劣,即他们是他们所是的东西,他们不是自由独立的,而是委身于盲目自然力量的洪流。

唯有这才可能是激起我的恼怒的东西;但在这种情况下我就陷于绝对不可理解的东西中去了。除非我为了使他们自由,而已经先假定他们自由,我就不能责怪他们缺乏自由。我想对他们发怒,但又找不到我义愤的对象。他们实际上所是的东西不值得这样义愤；值得这样义愤的东西不是他们，而且假如他们是这样的东西，他们似乎也不值得这样义愤。我的恼怒也许是针对一种明显的虚无的。——诚然，我必须始终对待他们，与他们交谈，好像他们是我很了解的那种他们所不是的东西；我必须始终对他们作出假定，唯有通过这种假定，我才能站到他们对面，与他们打交道。职责命令我按照一个关于他们的概念去行动，而这个概念与那种由静观默想给我提供的概念是截然相反的。因此，当然会发生这样的事情：似乎他们是自由的一样，我用一种高尚的义愤回敬他们，以期他们本人也激起反对他们自己的这种义愤，而这种 (II, 315)
义愤是我自己在我的心灵深处绝不能用合理方式感觉到的。对非理性与罪恶发怒的，在我心中只是身体力行的社会的人，而不是那种四体不动、自我完善、静观默想的人。

身体上的烦恼、痛苦与疾病，如果涉及我，我不能不**感觉**到，因为它们是在我的自然力量里发生的事情，我在此岸世界现在是、并且永远是这种自然力量；但是，它们却不应该使我**忧伤**。它们也仅仅是涉及我以神奇的方式与之联系的那种自然力量，而并不涉及我本身，不涉及这个君临于一切自然力量之上的本质。一切痛苦与一切痛感的肯定的结局都是死亡；在自然的人常常视为罪过的那一切事情中，死亡对我来说是最微不足道的。我根本不会对**我自己**死亡，而只会对**别人**，对那些依然留下来的、我脱离其结合的人们死亡；对我自己而言，死亡之时就是一种崭新的、更壮丽的生命诞生之时。

在我的心灵向一切对于尘世事物的欲求锁闭以后，在我实际上对于暂时的事物再没有任何心思以后，宇宙就以光辉的形态显现在我的眼前。那僵死的、沉重的、只占据着空间的质块已经消失了，代替它的是川流不息、汹涌澎湃的生命、力量与行动的永恒洪流——它起源于原始生命；呵，无限者，它起源于你的生命；因为一切生命都是你的生命，而且只有那具有宗教感的眼睛才深入了解真正美的王国。

我与你息息相关，我在我周围看到的东西也与我息息相关；万物都赋有生气，赋有灵魂，都以明亮的精灵之眼对我凝视，都以精灵之音对我的心灵攀谈。在我之外的一切形态中，我又观照到我自己被分散在无穷无尽的、千差万别的东西里，并从这些形态向我自己反照回来，就像早晨的太阳以各种方式被分散在千千万万颗露珠里，向它自身闪烁反光一样。

(II, 316) 你的生命，像有限者所能把握的，本身全然是自己形成自己的，自己表现自己的意志；这生命——在凡人眼里披着各种感性外表——通过我而泻入整个不可度量的自然中。在这里，你的生命作为自己创造自己的、自己形成自己的物质，流过我的血管与肌肉，而在我之外把自己的丰富内容沉积在花草树木中。具有创造力的生命在一切形态中，在我的眼力所能达到的一切地方，一滴一滴地流入一种连续的洪流中；这生命从宇宙的每一点都以不同的方式，向我显现为它借以在秘密的阴暗处形成我自己的身体的同一种力量。在那里这生命是自由汹涌的，在动物中则是作为自己形成自己的运动跳跃的，而且在每个新的躯体中都把自身表现为另一个独特的、自为存在的世界；这同一种力量我虽然看不见，却在我自己的肢体中移动着。一切移动的东西都服从于一切运动的这个普遍冲动，这个唯一本原，而这本原则把和谐的振动从宇宙的一端不断传导到另一端；动物没有自由；我——在可见世界中运动都以我为出发点，虽然运动并不会因而以我为基础——则有自由。

但是，你的这种生命作为把精神与精神融为一体的纽带，作为唯一理性世界的空气与以太，却是纯粹地和神圣地从那离你自己的本质近得就像凡人眼睛能看到它的地方流逝过去的；你的这种生命虽然不可思议，不可理解，却毕竟明显地摆在精神的眼前。思想在这个光流中被不断传导时，也丝毫不停顿地、丝毫不改变地从一个灵魂飘浮到另一个灵魂，并更加纯洁、更加光辉地从那同出一源的心胸中返回自身。由于这一秘密，一个人就只有在另一个人中找到、理解和钟爱他自己；每个精神都仅仅是从其他精神发展自己，在这里绝没有单独的个人，而只有人类，没有单独的思维与爱憎，而只有相互交错的思维与爱憎。由于这一秘密，不可见世界中各个精神的密切关系就不断注入到了它们的有形自然中，并把自身表现为两性；即使每个精神纽带会断裂，这两性只 (II, 317)
要作为自然生物，也就不得不相爱；这种密切关系也注入到了双亲与子女的温情中，仿佛各个灵魂同出于一种血液，就像各个肢体与心灵是同一树干的枝杈与花朵一样；从这里出发，这种密切关系也在或窄或宽的范围里囊括了整个有感觉能力的世界。对爱的渴求甚至也给各个精神的恨奠定了基础；除了被拒绝的友谊之外，敌意就无从产生。

通过那种对别人似乎是僵死质块的东西，我的眼睛看到感性自然与精神自然的一切血管里的这种永恒生命与移动；这生命看起来总是升高与增长的，并且把自身净化为它自身的更富有精神

的表现。宇宙对我来说已经不再像过去那样，是那种在自身周而复始的循环，是那种不断重复的表演，是那种吞噬自身，以便再生自身的怪物；宇宙在我眼前精神化了，并带有精神固有的标记，即在一条无限进展的直线中不断地向更完善的境界迈进。

太阳升起又降落，星星沉没又重来，一切天体都继续跳着其圆舞；但它们在重来时与它们在逝去时绝不相同，并且在生命的光辉源泉里就有生命过程与进化过程。它们所带来的每个时刻，每个早晨和每个黄昏，都以新的繁荣景象降临到世界上；新的生命和新的情爱就像云里的水珠一样，从天上洒落下来，并且就像清凉的黑夜笼罩大地那样，笼罩着自然。

自然中的一切死亡都是诞生，正是在死亡中可以明显地看到生命的升华。在自然中绝没有致死的原则，因为自然是彻底纯粹的生命；致死的不是死亡，而是更有生气的生命，这生命是隐藏在
(II, 318) 旧生命后面开始和发展的。死亡与诞生仅仅是生命的自相斗争，其目的在于不断地把它自身表现得更加光辉，更加类似于它自身。**我的**死亡也会例外吗？因为我一般不是生命的单纯表现与反映，而是在我自身带有原始的、唯一真正的、本质的生命。根本不可能设想，自然竟然能毁灭一种不是从自然产生的生命；我不是为了自然而有生命，而是自然本身仅仅为了我才有生命。

但是，甚至我的自然生命，甚至内在的不可见生命在有限者眼前的这种单纯表现，自然也不能毁灭，因为如果不是这样，自然就必定会自己毁灭自己；自然是单纯对我存在的，是为我存在的，我不存在，自然也就不存在。正因为自然不是把我弄死，所以它必定会使我得到新生；这只能是我那在自然里发展着的更高生命，在这种生命面前我现在的生命就逐渐消逝了；凡人称之为死亡的事情，是第二次获得生命的可见表现。假如在这里似乎曾经见到自然之光的理性生物不在地上死亡，那么，就似乎没有理由去期待一个新的天和一个新的地了，表现理性和维护理性这个自然的唯一可能目的也就似乎已经在此岸世界实现了，自然的循环过程似乎也就结束了。但是，自然用以扼杀自由独立的生物的行动，却是自然对这种行动，对它由此结束的整个领域的庄严肃穆的、一切理性都能理解的超越；死亡现象是把我的精神眼光移向我自己的新生命，移向为我存在的自然界的向导。

我的同类的每个离开尘世结合，对我的精神不能视为被毁灭——因为他是我的同类——的成员，都把我的思想随他自身引渡到另一世界；他依然存在，并且他应该得到个场所。如果说，我们在此岸世界为他悲伤，就像在一个人离开他而进入此世阳光中时，可能在阴暗的无意识领域里有悲伤一样，那么，在上天世界人们对一个人诞生到他们的世界则感到欢乐，就像我们这些尘世公民以欢乐的心情迎接诞生到我们这里来的人们一样。如果我有 (II, 319)
朝一日会步他们的后尘，则对我来说将只有欢乐；因为悲伤留到了我离弃的领域。

我刚才还感到惊奇的世界，在我眼前消逝和沉没了。这个世界虽有我在其中看到的一切丰富的生命、秩序与繁荣，但也仅仅是向我掩盖着一个无限的、更完善的世界的帷幕，是将发展出这一无限的、更完善的世界的种子。我的信仰进入这帷幕之后，使这种子得到温暖与生命。我的信仰虽然看起来不确定，但它期待的东西比它在此岸世界所能把握的更多，比它在将来任何时候所能把握的更多。

我这样生活着，这样存在着，因此，对于一切永恒状态我都是不变的、坚定的与完善的；因为这存在绝不是从外接纳来的存在，而是我固有的、唯一真实的存在与本质。

图书在版编目(CIP)数据

论学者的使命·人的使命/(德)费希特著;梁志学,沈真译.—北京:商务印书馆,2017
(汉译世界学术名著丛书:120年纪念版:珍藏本)
ISBN 978-7-100-14780-4

Ⅰ.①论… Ⅱ.①费… ②梁… ③沈… Ⅲ.①德国古典哲学 Ⅳ.①B516.33

中国版本图书馆CIP数据核字(2017)第160893号

汉译世界学术名著丛书
(120年纪念版·珍藏本)
论学者的使命
人的使命
〔德〕费希特 著
梁志学 沈 真 译

商 务 印 书 馆 出 版
(北京王府井大街36号 邮政编码100710)
商 务 印 书 馆 发 行
北 京 冠 中 印 刷 厂 印 刷
ISBN 978-7-100-14780-4

2017年12月第1版 开本710×1000 1/16
2017年12月北京第1次印刷 印张15½
定价:78.00元